北京市政建设集团有限责任公司　企业标准
道路工程施工技术规程

编　号：Q/BMG 105—2009
备案号：JQB-212-2009

中国建筑工业出版社

图书在版编目（CIP）数据

道路工程施工技术规程/北京市政建设集团有限责任公司制定. —北京：中国建筑工业出版社，2009
 ISBN 978-7-112-11616-4

Ⅰ.道… Ⅱ.北… Ⅲ.道路工程-工程施工-施工技术-技术操作规程 Ⅳ.U415.6-65

中国版本图书馆 CIP 数据核字（2009）第 213230 号

本书为北京市政建设集团有限责任公司针对道路工程施工制定的企业标准，可供企业在制定投标方案、编制施工组织设计、专项施工方案、进行技术交底、检查验收施工质量、组织技术培训等工作时作为参考资料使用。主要包括总则、术语、基本规定、施工准备、路基、基层、沥青混合料面层、沥青贯入式与沥青表面处治面层、水泥混凝土面层、铺砌式面层、广场、停车场、人行道等 16 章。

* * *

责任编辑：田启铭　王春能　姚荣华
责任设计：董建平
责任校对：袁艳玲　赵　颖

北京市政建设集团有限责任公司　企业标准
道路工程施工技术规程
*
中国建筑工业出版社出版、发行（北京西郊百万庄）
各地新华书店、建筑书店经销
北京千辰公司制版
世界知识印刷厂印刷
*
开本：787×1092 毫米　1/16　印张：6¼　字数：156 千字
2010 年 1 月第一版　2010 年 1 月第一次印刷
定价：**28.00** 元
ISBN 978-7-112-11616-4
（18861）
版权所有　翻印必究
如有印装质量问题，可寄本社退换
（邮政编码　100037）

北京市政建设集团
企业标准编写委员会名单

主　　　任：王健中
副 主 任：关　龙　焦永达
顾　　　问：张　闽　李　军　张　汎　白崇智
　　　　　　上官斯煜
委　　　员：鲍绥意　吴培京　李国祥　刘卫功
　　　　　　崔　薇　李志强　陈庆明　陈贺斌
　　　　　　刘翠荣　汪　波
执行主编：孔　恒　董凤凯　刘彦林　张国京
　　　　　　王维华　吴进科　宋　扬

本书编委会

主　　编：马丽生

副 主 编：景　飒　赵天庆　董凤凯

审定专家：（按姓氏笔画排序）

　　　　　刘　盈　刘　晖　齐鸿雁　李成现

　　　　　李志强　李国祥　陈永华　逮　平

　　　　　鲍绥意

编 写 人：（按姓氏笔画排序）

　　　　　卜志强　马少军　文　言　朱玉明

　　　　　张学辉　李海燕　汪　凉　花　浩

　　　　　杨　帆　杨爱军　胡　喆　崔玉凤

　　　　　崔宇声　黄振龙　程立华

前　言

　　北京市政建设集团有限责任公司企业标准包括九册技术规程和五册工艺规程，本企业标准是由北京市政建设集团有限责任公司长期在一线从事施工技术且具有丰富施工经验的技术骨干和专家历时三年多时间编写而成，其内容基本涵盖了市政工程施工的主要专业技术领域。

　　本企业标准是北京市政建设集团有限责任公司 50 多年来施工经验的总结和广大工程技术人员聪明智慧的结晶。尤其是不少同行和专家在百忙之中参与审定工作，他们高度负责精神对企业标准编制发挥了重要作用，对此表示由衷的感谢。

　　编写企业标准是企业适应我国加入 WTO 后建筑业发展形势所必需，是企业进入建筑市场、参与市场竞争的一个重要技术条件。其目的在于加强北京市政建设集团有限责任公司施工的标准化、规范化，提高企业的技术水平和管理水平，提高企业的市场竞争能力。

　　本标准将为本企业在制定投标方案、编制施工组织设计、专项施工方案、进行技术交底、检查验收施工质量、组织技术培训等工作时作为参考资料使用。在使用企业标准过程中，如遇到与国家标准、行业标准和地方标准相矛盾时，应以国家标准、行业标准和地方标准为准。

　　技术规程和工艺规程编写的侧重点不同，技术规程主要针对项目总工、专业工程师等工程技术管理层面；工艺规程主要针对作业层面的工艺技术指导，工艺规程是以分项或分部工程为对象编制的，每项施工工艺包括适用范围、施工准备、操作工艺、质量标准、质量记录、安全与环保、成品保护七个方面的内容。

　　其中技术规程前四册（合订本）为通用专业，分别为《市政基础设施工程测量技术规程》Q/BMG 101—2009、《土方与地基施工技术规程》Q/BMG 102—2009、《混凝土结构施工技术规程》Q/BMG 103—2009 和《砌体结构施工技术规程》Q/BMG 104—2009；后五册分别为《道路工程施工技术规程》Q/BMG 105—2009、《桥梁工程施工技术规程》Q/BMG 106—2009、《管道工程施工技术规程》Q/BMG 107—2009、《给水与排水构筑物工程施工技术规程》Q/BMG 108—2009 和《城市快速轨道交通工程施工技术规程》Q/BMG 109—2009。通用专业技术规程为专业工程提供了一些市政工程施工中常用的技术要求，以上九册技术规程要配套使用；工艺规程部分共五册，计 222 项工艺，分别为《道路工程施工工艺规程》Q/BMG 201—2009、《桥梁工程施工工艺规程》Q/BMG 202—2009、《管道工程施工工艺规程》Q/BMG 203—2009、《给水与排水构筑物工程施工工艺规程》Q/BMG 204—2009 和《城市快速轨道交通工程施工工艺规程》Q/BMG 205—2009。

　　本册为《道路工程施工技术规程》Q/BMG 105—2009，有正文、附录、条文说明三部分，主要包括：总则，术语，基本规定，施工准备，路基，基层，沥青混合料面层、沥青贯入式与沥青表面处治面层、水泥混凝土面层、铺砌式面层、广场、停车场、人行道等，共计 16 章。

　　由于编者水平有限，本企业标准难免有疏漏和错误之处，希望读者能批评指正，以便进一步修订完善。

目 录

1 总则 ··· 1
2 术语 ··· 2
3 基本规定 ··· 4
4 施工准备 ··· 5
5 路基 ··· 7
   5.1 一般规定 ·· 7
   5.2 挖方路基 ·· 7
   5.3 填方路基 ·· 8
   5.4 石方路基 ·· 10
   5.5 路肩 ·· 12
   5.6 建（构）筑物处理 ··· 12
   5.7 特殊土路基 ·· 13
6 基层 ··· 17
   6.1 一般规定 ·· 17
   6.2 石灰稳定土类基层 ··· 17
   6.3 石灰、粉煤灰稳定砂砾（碎石）基层 ······································· 20
   6.4 石灰、粉煤灰、钢渣稳定土类基层 ··· 22
   6.5 水泥稳定土类基层 ··· 22
   6.6 级配砂砾（砾石）基层 ··· 25
   6.7 级配碎石（碎砾石）基层 ··· 26
7 沥青混合料面层 ·· 28
   7.1 一般规定 ·· 28
   7.2 热拌沥青混合料面层 ··· 35
   7.3 冷拌沥青混合料面层 ··· 40
   7.4 透层、粘层、封层 ··· 41
8 沥青贯入式与沥青表面处治面层 ·· 43
   8.1 一般规定 ·· 43
   8.2 沥青贯入式面层 ·· 43
   8.3 沥青表面处治面层 ··· 45
9 水泥混凝土面层 ·· 47
   9.1 原材料 ·· 47
   9.2 混凝土配合比设计 ··· 50

- 9.3 施工准备 … 55
- 9.4 模板与钢筋 … 55
- 9.5 混凝土搅拌与运输 … 57
- 9.6 混凝土铺筑 … 58
- 9.7 养护与填缝 … 61

10 铺砌式面层 … 62
- 10.1 一般规定 … 62
- 10.2 料石面层 … 62
- 10.3 预制混凝土砌块面层 … 63

11 广场、停车场 … 65

12 人行道 … 66
- 12.1 一般规定 … 66
- 12.2 料石与预制砌块（砖）铺砌人行道面层 … 66
- 12.3 沥青混合料铺筑人行道面层 … 66

13 地下人行通道 … 67
- 13.1 一般规定 … 67
- 13.2 现浇钢筋混凝土地下人行通道 … 68
- 13.3 装配式钢筋混凝土地下人行通道 … 69

14 挡土墙 … 71
- 14.1 一般规定 … 71
- 14.2 现浇钢筋混凝土挡土墙 … 71
- 14.3 装配式钢筋混凝土挡土墙 … 71
- 14.4 砌体挡土墙 … 72
- 14.5 加筋土挡土墙 … 72
- 14.6 灌注桩挡土墙 … 72

15 附属构筑物 … 73
- 15.1 路缘石（道牙） … 73
- 15.2 雨水口与雨水支管 … 75
- 15.3 排（截）水沟 … 76
- 15.4 倒虹管与涵洞 … 76
- 15.5 护坡 … 76
- 15.6 隔离墩 … 77
- 15.7 隔离栅 … 77
- 15.8 护栏 … 77
- 15.9 声屏障 … 77
- 15.10 防眩板 … 78

16 冬雨期施工 … 79
- 16.1 一般规定 … 79

16.2	冬期施工	79
16.3	雨期施工	81
附录	本规程用词说明	83
条文说明		84

1 总　则

1.0.1 为贯彻国家对建设工程的质量要求，规范与提高本企业道路工程施工技术水平，保证道路工程的施工质量，特制定本规程。

1.0.2 本规程是依据国家、行业、地方现行有关标准，并总结本企业长期施工技术经验制定。

1.0.3 本规程适用于本企业承建的城镇道路工程，公路工程、大、中修工程可参照执行。机场场道、体育场与企事业单位内部道路亦可参照使用。

1.0.4 本规程应与《市政基础设施工程测量技术规程》Q/BMG 101、《土方与地基施工技术规程》Q/BMG 102、《混凝土结构施工技术规程》Q/BMG 103 和《砌体结构施工技术规程》Q/BMG 104 配套使用。

1.0.5 在确保工程质量的前提下，应努力实现科技进步。采用新技术，开发新工法，使用新材料、新设备应进行试验，经过评审，制定专项技术规定后，方可实施。

1.0.6 施工中应作好施工安全技术工作，遵守现行《北京市道路工程施工安全技术规程》DBJ 01—84 和《北京市市政工程施工安全操作规程》DBJ 01—56 的有关规定。

1.0.7 本规程未作规定的内容，尚应执行现行国家有关标准、规范、规程的相关规定。

1.0.8 外埠工程除执行国家现行有关标准、规范、规程外，尚应执行当地标准、规范、规程的有关规定。

2 术 语

2.0.1 工程施工质量 constructional quality of engineering works
反映工程满足相关标准规定或合同约定的要求,包括其在安全、使用功能及其在耐久性能、环境保护等方面所有明显和隐含能力的特性总和。

2.0.2 检验批 inspection lot
按同一生产条件或按规定的方式汇总起来供检验用的由一定数量组成的检验体。

2.0.3 路基 subgrade
按照路型位置和一定技术要求修筑的带状构筑物。为路面的基础,承受由路面传递下来的行车荷载。

2.0.4 路肩 shoulder
位于车行道外缘至路基边缘,具有一定宽度的带状部分(包括硬路肩与土路肩),为保持车行道的功能和临时停车使用,并作为路面的横向支承。

2.0.5 杂填土 miscellaneous fill
含有大量房渣土(建筑垃圾)、工业废渣等杂物的土。

2.0.6 基层 base course
设在面层以下的结构层。主要承受由面层传递的车辆荷载,并将荷载分布到垫层或地基上。当基层分为多层时,其最下面的一层称底基层。

2.0.7 面层 surface course
直接承受车辆荷载及自然因素的影响,并将荷载传递到基层的路面结构层。

2.0.8 沥青混合料面层 bituminolls mixed surface course
用沥青与不同矿料拌制的粗料式、中料式、细料式、砂料式混合料铺筑道路面层的总称。

2.0.9 水泥混凝土面层 cement concrete surface course
用满足路面摊铺工作性、弯拉强度、表面功能、耐久性及经济性等要求的道路水泥混凝土作面层。

2.0.10 外观质量 quality of appearance
通过观察和必要的量测所反映的工程外在质量。

2.0.11 见证取样试验 evidential testing
在监理单位或建设单位监督下,由施工单位有关人员现场取样,并送至具备相应资质的检测单位所进行的检测。

2.0.12 抽样检验 sampling inspection
按照规定的抽样方案,随机地从进场的材料、构配件、设备或道路工程检验项目中抽取一定数量的样本所进行的检验。

2.0.13 人行道 side walk, footpath

道路两侧缘石外铺装的供行人通行的部分。
2.0.14 地下人行通道 pedestrian underpass
专为供行人穿越道路而修筑的工程构筑。

3 基本规定

3.0.1 从事道路工程施工的施工单位应具备相应的施工资质，施工人员应具备相应的资格。工程施工和质量管理应具有相应的施工技术标准。

3.0.2 施工单位应建立、健全施工技术、质量、安全生产等管理体系，制定各项施工管理规定，并贯彻执行。

3.0.3 施工单位在开工前应编制施工组织设计，对关键的分项、分部工程应分别编制专项施工方案，冬、雨及高温期间施工还应编制相应的季节性施工方案；施工组织设计、专项施工方案必须按规定程序审批后执行，有变更时要办理变更审批。

3.0.4 道路工程施工用的各种主要原材料、构（配）件等应符合设计要求和国家现行有关标准的规定。各种材料、产品均应具有合格证和技术性能检验报告，经进场验收合格后方可使用。进场验收时应检查产品质量合格证、技术性能检验报告、使用说明书；进口产品应有商检报告及证件等，并按国家有关规定进行复验。

3.0.5 现场配制的混凝土、砂浆等原材料配合比和制备应符合企业规程《混凝土结构施工技术规程》Q/BMG 103 和《砌体结构施工技术规程》Q/BMG 104 中的相关规定。

3.0.6 用于施工中检查、验收使用的计量器具和检测设备，必须经计量检定、校准合格后方可使用。承担材料和设备检测的单位，应具备相应的资质。

3.0.7 道路工程测量放线应符合企业规程《市政基础设施工程测量技术规程》Q/BMG 101 的有关规定。道路工程土方与排降水施工应符合企业规程《土方与地基施工技术规程》Q/BMG 102 的有关规定。

3.0.8 在城镇居民区、单位附近进行新建、扩建道路工程施工，开工前应深入居民户、单位调查，掌握既有排水出路、管径、高程，对照设计文件进行核实，发现矛盾时，应及时报告有关方面变更设计。新建道路开工前应核对工程与既有排水系统的关系，以及设计文件对排水系统的处理方案、新建管道与既有同类管道接通，应获得相关部门批准且事先会同建设、管理单位制定技术安全措施，并在管理单位配合下采取技术安全措施后方可施工。

3.0.9 临时设施应根据工程特点、性质、环境、规模、工期制定总体布置方案。对不宜间断施工的项目，应有备用动力和设备。

3.0.10 道路各结构层施工中，对每一层压实层禁止采用局部表面贴薄层法进行找补、整平。

3.0.11 道路工程施工质量控制应符合下列规定：

  1 各分项工程应按照施工技术标准进行质量控制，每分项工程完成后，必须进行检验。

  2 相关各分项工程之间，必须进行交接检验，所有隐蔽分项工程必须进行隐蔽验收，未经检验或验收不合格不得进行下道分项工程。

3.0.12 有关见证取样执行相关国家、行业、地方文件要求。

4 施 工 准 备

4.0.1 开工前，建设单位应组织设计、勘测单位向项目经理部移交现场测量控制点，并形成文件。项目经理部及时对控制点进行复测。当发现问题时，与监理工程师协商处理，并应形成记录；结合实际情况，制定施工测量方案，建立测量控制网、线、点。

4.0.2 开工前，施工单位应与施工现场所在地的基层政府、社区、社会单位建立联系，征求意见，开展社会联系工作，创造良好的施工环境。

4.0.3 项目经理部应根据建设单位提供的资料，组织有关施工技术管理人员对施工现场进行全面详尽、深入地调查，掌握下列现场情况：

1 地形、地貌状况。
2 道路、交通状况。
3 水文地质条件与现状排水状况。
4 依据建设单位提供的、经批准的占地范围，核实施工影响范围内的管线、建筑物、河湖、杆线、绿化、文物古迹等情况。
5 供水、供电、原材料、劳动力、机械设备等资源供应情况。
6 拆迁的进展状况。
7 其他需掌握的情况。

4.0.4 项目经理部技术负责人应主持对设计图纸及相关技术资料的学习与审核，领会设计意图，掌握施工设计的要求，并应形成会审记录。施工图有疑问、差错时，应及时提出，如需变更设计，应按相应程序报审，经相关单位签证认定后实施。

4.0.5 项目经理部根据施工合同要求和相关技术标准、规范、规程的规定，结合工程实际情况，编制工程总体施工组织设计，单位工程、分部工程、分项工程以及危险性较大工程施工方案等。

4.0.6 施工组织设计的主要内容应包括：编制依据、工程概况、施工部署、进度计划、资源配置计划、施工总平面布置、主要施工方法与技术措施、季节性施工措施、四新技术应用、施工质量目标、见证检测计划、安全措施、环保措施、拆迁配合、交通组织等。

4.0.7 项目经理部技术负责人在施工前应向施工人员就工程特点、设计要求、相关技术规范、规程要求及获准的施工方案进行技术交底，并应形成纪录。

4.0.8 项目经理应按工程分包和物资采购有关规定，经招标程序选择并评价分包方和供应商，并应保存评价记录。

4.0.9 应根据施工组织设计确定的质量保证计划，确定工程质量控制的单位（子单位）、分部（子分部）、分项工程和检验批，报有关方面批准后执行，并作为施工质量控制的基础。

4.0.10 应结合工程特点对现场作业人员进行安全技术培训，特殊工种应持证上岗，以满足施工要求；并应保存培训记录。

4.0.11 应根据现场与周边环境条件、交通状况制定交通疏导或导行方案，报道路管理和交通管理部门批准后予以实施。当断路施工时，应修筑保证车辆、行人安全通行的通畅便线、便桥。

4.0.12 根据工程特点、现场环境状况，规划、设计建立现场临时生产、生活设施，依据安全、文明、环保、卫生等城市管理的要求平整施工场地，支搭施工围挡，搞好临时施工设施的建设。

4.0.13 施工前，对需使用的机具，应经检验、试运行，确认合格后方可使用。

5 路 基

5.1 一般规定

5.1.1 施工前,应根据工程地质勘察报告按现行《土工试验方法标准》GB/T 50123—1999 的规定,对路基土分类取样,并进行下列试验:
1 界限含水量试验。
2 颗粒分析试验。
3 土的击实试验。
4 土的强度（CBR）试验。
5 必要的有机质含量及易溶盐含量试验。

5.1.2 施工中需占用既有排水系统时,应在施工前建立新的临时排水系统,其排水能力一般不低于原系统标准。临时排水系统宜与设计要求的永久排水系统结合。

5.1.3 施工前,应对道路中线、边线及高程临时控制桩等进行复核,确认无误后方可施工。

5.1.4 施工现场修建的临时施工道路,应满足施工机械调运和行车安全,且不得妨碍施工。

5.1.5 道路施工范围内的新建、扩建、改建地下管线、人行通道等地下建（构）筑物宜先行施工。

5.1.6 施工中,发现文物、古迹、可疑不明物应立即停止施工,保护好现场,通知建设单位及有关管理部门到场处理。

5.1.7 路基施工宜避开雨期,冰冻地区尚应避开严冬季节。

5.1.8 人、机配合进行土方作业,必须设专人指挥。机械作业时,配合作业人员严禁处在机械作业和走行范围内。配合人员在机械走行范围内开始作业前与作业中,机械必须停止作业。

5.1.9 土方施工尚应遵守企业规程《土方与地基施工技术规程》Q/BMG 102 有关规定。

5.2 挖方路基

5.2.1 路基土方开挖前,应排除、疏干现况地面的积水,清除树根、植被、地面的建筑垃圾等,并将耕植土剥离,单独运弃。

5.2.2 路基土方开挖,应根据工程规模、开挖深度,选择适宜的土方开挖机具。

5.2.3 挖土方路基的路堑边坡宜一次形成,并符合设计要求。当地质条件变化不能保证设计坡度时,应报有关方面变更设计,并形成文件,方可施工。

5.2.4 挖土应自上向下分层进行,严禁掏洞开挖。作业中断或作业完成后,开挖面应做成稳定边坡。

5.2.5 机械开挖作业时,必须避开管线等建(构)筑物,在距管道边1m范围内应人工开挖;在距直埋缆线2m范围内必须人工开挖,且宜在管理单位监护下进行。

5.2.6 严禁挖掘机在电力架空线路下作业。需在其一侧作业时,垂直及水平安全距离应符合表5.2.6规定。

表5.2.6 挖掘机、起重机(含吊物、载物)等机械与电力架空线路的最小距离

电力架空线路电压(kV)		<1	10	35	110	220	330	500
安全距离(m)	沿垂直方向	1.5	3.0	4.0	5.0	6.0	7.0	8.5
	沿水平方向	1.5	2.0	3.5	4.0	6.0	7.0	8.5

注:本表引自《城镇道路工程施工与质量验收规范》CJJ 1—2008 表6.3.10。

5.2.7 挖土方路基范围内的树根坑、井坑、坟穴等,应按设计文件处理,设计图未作要求时,应会同有关方面协商后实施,经隐蔽验收,形成文件。

5.2.8 路基土方开挖,当采用分台阶横挖法施工时,人工开挖台阶高度宜为1.5~2m;机械开挖台阶高度宜为3~4m。各层台阶应有独立的运土通道,其宽度在人工运土时不宜小于2m;机械运土单车道不得小于4m,双车道不宜小于8m。

5.2.9 路基土方开挖应预留清理基层,采用机械开挖至距设计高程约200mm时,应停止机械开挖,人工进行清基。

5.2.10 挖方临近结束时,应恢复道路中线、边线与高程控制点,并进行路基整修,及时压实,其压实应符合本规程第5.3.13条有关规定。

5.2.11 挖土方路基的路堑挖至接近设计边坡时,宜采用人工修整,修整边坡应放线,不得超挖。设计规定对边坡支护时,应在边坡修整后及时进行支护。禁止对超挖部位做"贴坡"修补。

5.2.12 路基范围内的各种地下管线、建(构)筑物,宜在挖至路基高程后,按"先深后浅"的原则施工。

5.2.13 弃土场应遵守有关规定,并应征得管理部门同意;暂存土应分类堆放,且避开建筑物、围墙、架空线等。弃土、暂存土不应妨碍各类地下管线等建(构)筑物的正常使用与维护。严禁占压、损坏、掩埋各种检查井、消火栓等设施。

5.3 填方路基

5.3.1 填方所用土料应符合设计要求,宜就地取材。不得使用淤泥、沼泽土、泥炭土、冻土、有机土、生活垃圾土作为路基填料。液限大于50、塑性指数大于26、可溶盐含量大于5%、700℃有机质烧失量大于8%的土,未经技术处理,不得作路基填料。工业废渣等材料需经建设单位、设计单位同意后方可使用。

5.3.2 应分类、分层填筑土,且不得混填,填土中大于100mm的土块应打碎或剔除。填料的最小CBR值应符合表5.3.3规定。

表 5.3.3 路基填料的最小 CBR 值

填方类型	路床顶面以下深度（cm）	最小 CBR 值（%）	
		城市快速路、主干路 高速公路、一级公路	其他等级城市道路 二级及二级以下公路
路床	0～30	8.0	6.0
路床	30～80	5.0	4.0
路基	80～150	4.0	3.0
路基	>150	3.0	2.0

注：① 表中 CBR 值按《公路土工试验规程》JTJ 051 规定的浸水 96h 的 CBR 试验方法测定。
② 本表引自《城镇道路工程施工与质量验收规范》CJJ 1—2008 表 6.3.12-1。

5.3.3 填土路基施工前，应将原地面的积水疏干，将淤泥、垃圾等杂物清除干净，并将原地面大致平整并压实，压实标准应符合表 5.3.13。

5.3.4 填土路基施工前，应对原地面以下的空洞、井、坟穴等按设计要求处理至原地面高程，设计图未作要求时，应会同有关方面协商后实施，经隐蔽验收，形成文件。

5.3.5 填土应自下而上，由低到高，水平分层进行。必须在下层填土的压实度、宽度、平整度、横坡等项验收合格后，方可进行上层填料的铺筑。路基填土宽度每侧应比设计要求宽 400～500mm。路基填筑宜做成双向横坡，一般土质填筑横坡宜为 2%～3%，透水性小的土类填筑横坡宜为 4%。透水性较大的土壤边坡不宜被透水性较小的土壤所覆盖。受潮湿及冻融影响较小的土壤应填在路基的上部。

5.3.6 原地面横向坡度在 1∶10～1∶5 时，应先翻松表土再进行填土；坡度陡于 1∶5 时，在填土前应将地面做成台阶形，每级台阶宽度不得小于 1m，台阶顶面应向内倾斜；在沙土地段可不作台阶，只翻松表层土即可填土。

5.3.7 旧路加宽时，填土宜选用与原路基土壤相同的土壤，或透水性较好的土壤。

5.3.8 在已筑好路基段内修建涵管，或在填筑路基预留缺口区域内修筑涵管时，应采取措施，使涵管区域内填土与相邻路基的填土沉降一致。

5.3.9 路基填土中断时，应对已填路基表面土层压实成活并进行维护。

5.3.10 路基填土每层的松铺厚度应与压实机械相匹配，经试验确认。在无经验时，可按表 5.3.10 进行初选。每层填土松铺后应整平。

表 5.3.10 各种压实机具相应的虚铺厚度

压实机械	虚铺厚度（m）	压实机械	虚铺厚度（m）
羊足碾（6～8t）	≤0.5m	12～15t 压路机	0.25～0.30
振动压路机（10～12t）	≤0.40m	动力打夯机	0.20～0.25
8～12t 压路机	0.20～0.25	木夯	≤0.15m

注：本表引自《北京市城市道路工程施工技术规程》DBJ 01—45—2000 4.4.8.6。

5.3.11 碾压应"先轻后重"、碾速均匀，碾压轮重叠不得小于 200mm，碾压自填土边缘依次向路中移动。碾压遍数应根据压实度要求与压实机械性能确定。

5.3.12 碾压宜在土壤含水量接近最佳含水量时进行。

5.3.13 路基压实应采用重型压实标准进行检验，其压实度应符合表 5.3.13 的规定。

表 5.3.13 路基土方压实度（重型压实标准）

序号	项目		道路类别	压实度 ≥（%）	检查频率		检验方法
					范围	点数	
1	路床顶面以下深度（cm）	挖方	0~30				
			快速路和主干路	95			
			次干路	93			
			支路	90			
2		填方	0~80		1000m²	每层一组（三点）	用环刀法或灌砂法检验（见附录 B）
			快速路和主干路	95			
			次干路	93			
			支路	90			
3			80~150				
			快速路和主干路	93			
			次干路	90			
			支路	90			
4			>150				
			快速路和主干路	90			
			次干路	90			
			支路	90			

注：① 正常情况下路基土方施工，均应符合本表所列标准（重型击实）。
② 表中所列的压实度以相应的标准击实试验求得的最大干质量密度为100%。
③ 道路的类型，根据设计或《城市道路设计规范》确定；分期扩建的道路应按永久规划确定。
④ 采用核子密度仪时需进行对比试验。
⑤ 本表引自《城镇道路工程施工质量检验标准》DBJ 01—11—2004 表 4.1.1-1。

5.3.14 填土路基施工中，宜每层填土压实后均恢复道路中线边线，在填压至设计高程后，应按设计规定修坡，整理路肩。

5.3.15 路基边缘修筑挡土墙时，宜在挡土墙修建完成，并达到设计规定强度后，再进行路基土方填筑。

5.3.16 路基施工中，遇有翻浆，宜采取以下措施：
  1 在非雨期施工时，宜采取晾晒土壤方法处理。
  2 土壤在短期内不易晾干时，宜采用砂石、矿碴或石灰土回填。
  3 在排水不良、地下水位高的路基上或在雨期施工，发生局部翻浆应视具体情况采用换填等措施。
  4 采用石灰土处理局部软土路基应符合下列要求：
  1）土壤宜就地取材，且应符合设计要求。
  2）1~3级磨细生石灰使用前，应进行活性氧化物含量测定，以确定掺拌量。
  3）设计允许时，旧路结构中的级配砾石、砂石等粒料，可作为石灰土的掺拌粒料。
  4）使用粉砂土等，应经试验确定。

5.4 石方路基

5.4.1 施工前应根据岩石类别、风化程度、岩层产状、岩体断裂构造等地质条件和工程作业环境，确定石方开挖（或填筑）方法，并选择施工机具。

5.4.2 施工中发现岩体变化，影响边坡稳定时，应提请监理工程师、设计单位进行设计变更。

5.4.3 开挖石方路基应自上向下逐层开挖,其边坡应一次达到设计要求,开挖中边坡上附着不牢或突出的险石体应及时清除。在下层开挖前应检查上层边坡,确认符合要求,方可进行作业。

5.4.4 边坡整修宜以2~3m划分为一层,从上至下随岩石开挖,逐层进行,不宜超挖。边坡上不得有松石、危石,凸出设计坡线的岩面不得大于200mm,宜小于100mm。

5.4.5 采用爆破方法开挖石方除必须遵守现行企业规程《爆破安全规程》与地方有关规定外,尚应遵守下列规定:

　　1 施工前,应由具有相应爆破设计资质的单位进行爆破设计,编制爆破设计书或说明书,制定专项施工方案,规定相应的安全技术措施,经当地政府主管部门批准。

　　2 爆破施工必须由取得爆破专业技术资质的企业承担,爆破工应经技术培训持证上岗。现场必须设专人指挥。

　　3 在市区、居民稠密区,宜使用静态爆破,禁止使用扬弃爆破。

　　4 爆破工程必须在完成下列各项准备工作后方可进行:

　　1)爆破影响区的房屋、建(构)筑物和设备的安全防护工作已落实。

　　2)交通管制与疏导工作已落实。

　　3)已将爆破工程情况、警告标志、起爆时间等通知当地政府、有关部门,告示社会。

　　4)警戒区围挡已设置,警戒哨已就位。

　　5)爆破指挥与操作系统人员已就位。

　　6)已确认施爆区内人、畜等已撤出现场,且到达安全地带。

　　5 起爆前爆破人员必须作好下列各项检查,并记录。

　　1)炮眼应符合设计要求。

　　2)药包与导爆线路安置应符合设计要求。

　　3)起爆器灵敏有效。

　　4)电力起爆导线线路正确、有效。

　　6 爆破完成后,应自上而下清理边坡上的危石、松石,按设计要求,形成稳定边坡。

5.4.6 填筑石方路基应遵守下列规定:

　　1 修筑填石路基前应进行地表清理,先码砌边部,再逐层水平填筑石料,确保边坡稳定。

　　2 填石路基的石料强度不得小于15MPa,水下填石的石料与用于护坡的石料强度不得小于20MPa,填石路基石料最大粒径不宜超过层厚的2/3。

　　3 填石路基宜用大型推土机摊铺平整,个别不平处,应人工以细料、石屑找平。

　　4 填石路基宜选用12t以上的振动压路机、25t以上的轮胎压路机或2.5t以上的夯锤压(夯)实。采用静载光轮压路机压实时应减少每层填筑厚度和石料粒径,压实厚度应根据试验确定,且不得大于500mm。压实后应嵌缝牢固,表面石料均匀、平整、稳定,无推移、浮石。

　　5 路基范围内管线等建(构)筑物四周的肥槽回填,应根据建(构)筑物特点、要求,采取相应的措施,并符合本规程5.6节有关规定。

5.4.7 填筑石方路基,其边坡坡度应据石料的种类、体量、填筑高度确定。对于轻微风化石料填筑路基,其边坡坡度不宜陡于表5.4.7规定值。当设计边坡与表5.4.7抵触时,应报监理工程师，与设计单位研究解决，并形成文件。

表 5.4.7 轻微风化石料的填方边坡坡度

项次	填 土 性 质	填方高度（m）	边坡坡度
1	尺寸在 250mm 以内的石料	6 以内	1：1.33
2	尺寸在 250mm 以内的石料	6～12	1：1.5
3	用尺寸一般大于 250mm 的石料所堆筑的填方，其边坡选用最大石块铺成整齐行列	12 以内	1：1.1～1：0.75
4	用尺寸一般不小于 400mm 的石料紧密堆筑的填方，其边坡铺成整齐行列	5 以内	1：0.5
5	用尺寸一般不小于 400mm 的石料紧密堆筑的填方，其边坡铺成整齐行列	5～10	1：0.65
6	用尺寸一般不小于 400mm 的石料紧密堆筑的填方，其边坡铺成整齐行列	大于 10	1：1

5.5 路 肩

5.5.1 路肩应与路基、基层、面层等各层对应同步施工。

5.5.2 土路肩的压实度应≥90%，路肩的平整度、宽度、肩线、纵横坡度均应符合设计要求。

5.5.3 在路基上修筑其他材料的路肩时，应与道路的结构层协调施工，其施工方法应遵守本规程相关章节的有关规定。

5.5.4 对于压路机难于碾压充分的部位，应用小型夯实机具或人工夯实。

5.6 建（构）筑物处理

5.6.1 路基范围内有既有地下管（隧）道、建（构）筑物及其附属时，应根据设计图纸比对道路与既有建（构）筑物间相互的高程关系，分析建（构）筑物的结构安全，并应遵守下列规定：

　　1 施工前，应根据管线等建（构）筑物顶部与路床的高差，结合建（构）筑物结构状况，分析、评估其受施工影响程度，采取相应的加固或保护措施。

　　2 建（构）筑物拆改或加固保护措施完成后，应请管理单位进行隐蔽验收，确认符合要求、形成文件后，方可进行下一工序施工。

　　3 施工中，应保持建（构）筑物的加固设施处于有效工作状态。

　　4 建（构）筑物加固后其承载力达到要求，方可承受施工荷载。

5.6.2 新建管线等建（构）筑物之间或新建管线等建（构）筑物与既有管线等建（构）筑物间的平面位置、高程有矛盾时，应报请建设单位（监理工程师），由管线管理单位、设计单位确定处理措施，并形成文件，据以施工。

5.6.3 回填土施工应遵守下列规定：

　　1 回填土应保证涵洞（管）等地下建（构）筑物结构安全和外部防水层与保护层不受破坏。

2 当管道位于路基范围内时，其沟槽的回填土压实度应符合本规程的规定，并对管道进行有效加固后实施。

　　3 预制件装配接缝的水泥砂浆强度达5MPa后，方可进行回填。砌体涵洞应在砌体砂浆强度达到5MPa，且预制盖板安装后进行回填；现浇钢筋混凝土涵洞，其胸腔回填土宜在混凝土强度达到设计强度70%后进行，顶板以上填土应在达到设计强度后进行。

　　4 两侧应同时回填，两侧填土高差不得大于300mm。

　　5 对有防水层的靠防水层部位应回填细粒土，填土中不得含有碎石、碎砖及大于100mm的硬块。

　　6 回填过程不得劈槽取土，严禁掏洞取土。

　　7 施工中尚应符合企业规程《土方与地基施工技术规程》Q/BMG 102 的有关规定。

5.7　特殊土路基

5.7.1 特殊土路基的加固处理，施工前应完成下列准备工作：

　　1 进行详细的现场调查，依据工程地质勘察报告核查特殊土的分布范围、埋置深度和地表水、地下水系状况，根据设计文件、水文地质资料编制专项施工方案。

　　2 做好路基施工范围内的地面、地下排水设施，并保证排水通畅。

　　3 进行土工试验，提供施工技术参数。

5.7.2 特殊土路基加固，应选择适宜的施工季节。

　　1 湖、塘、沼泽等地的软土路基宜在枯水期施工。

　　2 膨胀土路基宜在少雨季节施工。

　　3 强盐渍土路基应在春季施工；黏性盐渍土路基宜在夏季施工；砂性盐渍土路基宜在春末夏初施工。

5.7.3 软土路基施工应遵守下列规定：

　　1 施工前应修筑路基处理试验路段，以获取各种施工参数。

　　1）试验段应按设计文件要求确定地表沉降（或隆起）、地表水平位移、地下土层位移等观测点。

　　2）各观测仪表、测具、元件安装必须牢固，并采取严格保护措施、严禁受损，保证观测数据连续性。

　　3）采用预压固结软土路基，应按设计规定的预压期和预压加载要求进行预压，预压期内除补充因加固引起的补填土方外严禁其他作业。

　　4）试验段施工期间应按设计或合同文件及施工需要，同步进行沉降及稳定跟踪观测并记录。

　　5）当路基稳定观测出现异常情况时，应停止加载，采取处理措施保证路堤稳定。

　　2 施工中，施工单位应按设计与施工设计要求记录各项控制观测数值，并与设计人员、监理工程师及时相互沟通，反馈有关工程技术信息，进行分析，指导施工。

　　3 路基完工后，应观测沉降值与位移值符合设计要求并稳定后，方可进行后续施工。

　　4 置换土处理路基应符合下列要求：

　　1）填筑前，应排除地表水、清除腐殖质淤泥，保持基底干燥。

2）填料宜采用透水性土；处于常水位以下部分的填料，不得使用非透水性土。

3）填土应由路中心向两侧，按要求分层填筑并压实，填土层厚应与压实机械匹配。

4）分段填筑时，接茬应按分层作成台阶形状，台阶宽不宜小于2m。

5 软土层厚度小于3.0m，且位于水下或为含水量极高的淤泥，可使用抛石挤淤法处理路基。并应符合下列要求：

1）抛石应使用不易风化的石料，粒径小于300mm的石料含量不得超过20%。

2）抛填方向应根据道路横断面下卧软土地层坡度而定。坡度平坦时自地基中部渐次向两侧扩展；坡度陡于1:10时，自高侧向低侧抛填，并在低侧边部多抛投，使低侧边部约有2m宽的平台顶面。

3）抛石露出水面或软土面后，应用较小石块填平，用重型机具碾压密实，再铺设反滤层填土压实。

6 采用砂垫层置换时，砂垫层应宽出路基边脚0.5~1.0m，两侧以片石护砌。

7 采用反压护道时，护道宜与路基同时填筑。当分别填筑时，必须在路基达到临界高度前将反压护道筑完。压实度应符合设计要求，且不低于最大干密度的90%。

8 采用堆载预压处理软土路基施工应符合企业规程《土方与地基施工技术规程》Q/BMG 102有关规定。

9 铺设土工材料层应符合下列要求：

1）土工材料应由耐高温、耐腐蚀、抗老化、不易断裂的聚合物材料制成。其抗拉强度、顶破强度、负荷延伸率等均应符合设计及有关产品质量标准的要求。

2）土工材料铺设前，应对基面压实整平。宜在原地基上铺设一层300~500mm厚的砂垫层。铺设土工材料后，运、铺料等施工机具不得在其上直接行走。土工材料应完好，发生破损应及时修补或更换。

3）土工材料铺设后，在其上铺土、压实。每压实层的压实度、平整度经检验合格后，且累计达到设计厚度，方可在其上铺设另一层土工材料。

4）铺设土工材料时，应垂直于路轴线展开，并视填土层厚度选用锚固钉固定、拉直，不得出现扭曲、折皱等现象。土工材料纵向搭接宽度，采用自然搭接不得小于300mm；采用锚接不得小于150mm；采用胶结，其粘接宽度不得小于50mm，胶结强度不得低于土工材料的抗拉强度。相邻土工材料横向搭接宽度不得小于300mm。

5）路基边坡留置的回卷土工材料，其长度不得小于2m。

6）土工材料铺设完后，应立即铺筑上层填料。为避免受阳光长期暴晒，其间隔时间不得超过48h。

7）双层土工材料上、下层接缝应错开，错缝距离不得小于500mm。

10 采用砂桩处理软土地基应符合下列要求：

1）宜采用含泥量小于3%的粗、中砂。

2）应根据成桩方法选定填砂的含水量。

3）砂桩应砂体连续、密实。

4）桩孔可用振动或冲击法成孔。一次打桩管成桩法或复打成桩法施工时应使用饱和砂。双管冲击法、重复压拔法施工时，可用含水量7%~9%的砂。在饱和土中施工可采用天然湿砂。

5）桩长、桩距、桩径、填砂量应符合设计要求。

11 采用碎石桩处理软土地基应符合下列要求：

1）宜选用含泥砂量小于10%、粒径19~63mm的碎石或砾石作桩料。

2）应进行成桩试验，据以确定控制水压、电流和振冲器的振留时间等参数。

3）应分层加入碎石（砾石）料，观察振实挤密效果，防止"断桩"、"颈缩"。

4）桩距、桩长、灌石量等应符合设计要求。

12 采用粉喷桩加固土桩处理软土地基应符合下列要求：

1）石灰应采用磨细Ⅰ级钙质石灰（最大粒径小于2.36mm、氧化钙含量大于80%），宜选用SiO_2和Al_2O_3含量大于70%，烧失量小于10%的粉煤灰、普通或矿渣硅酸盐水泥。

2）工艺性成桩试验桩数不宜少于5根，获取钻进、拉斗、搅拌、喷气压力与单位时间喷入量等参数。

3）施工前应确定固化剂喷入形式（浆液或粉体），选择不同的施工机械（具）组合。采用液体固化剂浆液时应拌合均匀，不得离析、不得有结块，连续供浆。采用粉体固化剂时，应连续喷粉，控制喷粉时间，停粉时间与喷粉量。控制喷粉起、止标高。

4）桩距、桩长、桩径、承载力等应符合设计要求。

5.7.4 湿陷性黄土路基施工应遵守下列规定：

1 施工前应按设计要求作好施工期拦截、排除地表水的设施，且宜与设计要求的拦截、排除、防止地表水下渗的设施结合。

2 路基内的地下排水构筑物与地面排水沟渠必须采取防渗措施。

3 施工中应详探道路范围内的陷穴，发现设计有遗漏时，应及时报建设单位（监理工程师），进行补充设计。

4 用换填法处理路基时应符合下列要求：

1）换填材料可选用黄土、其他黏性土或石灰土，其填筑压实要求应符合本章第5.3节的有关规定。若采用石灰土换填，石灰与土的质量配合比，宜为石灰∶土等于9∶91（二八灰土）或12∶88（三七灰土）。石灰应采用符合设计要求的3级以上钙质、镁质磨细生石灰。

2）换填宽度应宽出路基坡脚0.5~1.0m。

3）填筑用土中大于100mm的土块必须打碎，并应在土的最佳含水量±2%范围时碾压密实。

5 强夯处理路基时应符合下列要求：

1）夯实施工前，必须查明场地范围内的地下管线等构筑物的位置及标高，对可能受施工影响的地下管线等构筑物必须采取隔振、减振等保护措施。严禁在其上方采用强夯施工。

2）地基处理范围不宜小于路基坡脚外3m。

3）施工尚应符合企业规程《土方与地基施工技术规程》Q/BMG 102有关规定。

6 路堤边坡应整平夯实，并采取防止路面水冲刷措施。

5.7.5 盐渍土路基施工应遵守下列规定：

1 过盐渍土、强盐渍土不得作路基填料。弱盐渍土可用于城市快速路、主干路、高速公路、一级公路路床1.5m以下范围填土，也可用于次干路及其他道路、二级及其以下等级公路路床以下填土。

2 施工中应对填料的含盐量及其均匀性加强监控，路床以下每1000m³填料、路床部分每500m³填料至少应做一组试件（每组取3个土样），不足上列数量时，也应做一组试件。

3 用石膏土作填料时，应先破坏其蜂窝状结构。石膏含量一般不予限制，但应控制压实度。

4 盐渍土路基应分层填筑、压实，每层虚铺厚度不宜大于200mm。

5 盐渍土路堤施工前应测定其基底（包括护坡道）表土的含盐量、含水量和地下水位，分别按设计要求进行处理。

5.7.6 膨胀土路基施工应遵守下列规定：

1 施工应避开雨期，且保持良好的路基排水条件。

2 应采取分段施工。各道工序应紧密衔接，连续施工，逐段完成。

3 路堑开挖应符合下列要求：

1）边坡应预留300～500mm厚土层，路堑挖完后应立即按设计要求进行削坡与封闭边坡。

2）路床应比设计标高超挖300mm，立即用粒料或非膨胀土等换填、压实。

4 路基填筑应符合下列要求：

1）强膨胀土不得作路基填料。中等膨胀土应经改性处理方可使用，但膨胀总率不得超过0.7%。

2）施工前应按规定做试验段。

3）路床顶面300mm范围内应填筑非膨胀土或经改性处理的膨胀土。

4）当填方路基填土高度小于1m时，应对原地表300mm内的膨胀土挖除，进行换填粒料或非膨胀土。

5）施工中应根据膨胀土自由膨胀率，选用适宜的碾压机具，碾压时应保持最佳含水量；压实土层松铺厚度不得大于300mm；土块粒径不得大于50mm，且粒径大于25mm的土块量应小于40%。

5 在路基与路堑交界地段，应采用台阶方式搭接，台阶长度不得小于2m，并碾压密实。压实度标准应符合本规程表5.3.13的有关规定。

6 路基完成施工后应及时进行基层施工。

5.7.7 冻土路基施工应遵守下列规定：

1 路基范围内的各种地下管线基础应设置于冻土层以下。

2 填方地段路堤应预留沉降量，并在修筑路面结构之前，路基沉降基本趋于稳定。

3 路基受冰冻影响部位，应选用水稳定性和抗冻稳定性均较好的粗粒土，碾压时的含水量偏差应控制在最佳含水量±2%范围内。

4 当路基位于永久冻土的富冰冻土、饱冰冻土或含冰层地段时，必须保持路基及周围的冻土处于冻结状态，且应避免施工时破坏土基热流平衡。排水沟与路基坡脚距离不得小于2m。

6 基 层

6.1 一般规定

6.1.1 基层施工应根据设计所选用的基层材料确定适宜的施工时限。石灰稳定土类材料宜在冬期开始前 30~45d 完成施工,水泥稳定土类材料宜在冬期开始前 15~30d 完成施工。级配砂砾石类不宜在低于 -15℃ 条件下施工。

6.1.2 高填土、软土等填土路基上的基层施工,应在填土路基沉降稳定后进行。

6.1.3 基层材料的摊铺宽度应为设计宽度两侧加施工必要的附加宽度。

6.1.4 当采用沥青混合料、沥青贯入式、水泥混凝土做基层时,其施工应分别遵守本规程第 7、8、9 章有关规定。

6.1.5 道路扩建工程利用旧路面层作基层时,应进行承载力检查,并符合下列规定:

  1 当使用旧沥青路面层时:
  1)旧沥青路面层的强度满足要求且基本无损坏时,经整平后可作基层使用。
  2)旧路面层有明显损坏,但强度能达到设计要求的,应对损坏部分进行铣刨、清除、补平等处理。
  3)填补旧沥青路面层的凹坑应按高程控制、分层铺筑,每层最大厚度不宜超过 100mm。
  4)旧路面处理中刨除与铣刨产生的废旧沥青混合料应集中回收,再生利用。

  2 当使用旧水泥混凝土路面层作为基层加铺沥青混合料面层时:
  1)原混凝土路面层经弯沉试验,确认符合设计要求时,经表面处理后,即可作基层使用。
  2)原混凝土路面层与其基层间的空隙,应予以填充处理。
  3)局部破损的原混凝土面层应予以剔除,并修补完好。
  4)原混凝土面层的胀、缩缝及裂缝应清理干净,并采取防反射裂缝措施。

6.2 石灰稳定土类基层

6.2.1 原材料应符合下列规定:

  1 土应符合下列要求:
  1)宜采用塑性指数 10~15 的粉质黏土、黏土。塑性指数大于 4 的砂性土亦可使用。
  2)土中的有机物含量宜小于 10%。
  3)使用旧路的级配砾石、砂石或杂填土等应先进行试验。级配砾石、砂石等材料的最大粒径不宜超过 0.6 倍分层厚度,且不得大于 100mm。

2 石灰应符合下列要求：
1）宜用1~3级的新灰，石灰的技术指标应符合表6.2.1的规定。

表6.2.1 石灰技术指标

序号	类别 项目	钙质生石灰			镁质生石灰			钙质消石灰			镁质消石灰		
		Ⅰ	Ⅱ	Ⅲ	Ⅰ	Ⅱ	Ⅲ	Ⅰ	Ⅱ	Ⅲ	Ⅰ	Ⅱ	Ⅲ
1	有效钙加氧化镁含量（%）	≥85	≥80	≥70	≥80	≥75	≥65	≥65	≥60	≥55	≥60	≥55	≥50
2	未消化残渣含5mm圆孔筛的筛余（%）	≤7	≤11	≤17	≤10	≤14	≤20	—	—	—	—	—	—
3	含水量（%）	—	—	—	—	—	—	≤4	≤4	≤4	≤4	≤4	≤4
4	细度 0.71mm方孔筛的筛余（%）	—	—	—	—	—	—	0	≤1	≤1	0	≤1	≤1
	细度 0.125mm方孔筛的筛余（%）	—	—	—	—	—	—	≤13	≤20	—	≤13	≤20	—
5	钙镁石灰的分类筛，氧化镁含量（%）	≤5			>5			≤4			>4		

注：① 硅、铝、镁氧化物含量之和大于5%的生石灰，有效钙加氧化镁含量指标，Ⅰ等≥75%，Ⅱ等≥70%，Ⅲ等≥60%；未消化残渣含量指标均与镁质生石灰指标相同。
② 本表引自《城镇道路工程施工与质量验收规范》CJJ 1—2008 表7.2.1。

2）磨细生石灰，可不经消解直接使用；块灰应在使用前2~3d完成消解，未能消解的生石灰块应筛除，消解石灰的粒径不得大于10mm。

3）对储存较久或经过雨期的消解石灰应先经过试验，根据活性氧化物的含量决定能否使用和使用办法。

3 水应符合现行《混凝土用水标准》JGJ 63的规定。宜使用饮用水及不含油类等杂质的清洁中性水（pH值为6~8）。

6.2.2 石灰土配合比设计应遵守下列规定：

1 每种土应按5种石灰掺量进行试配，试配石灰用量宜按表6.2.2-1选取。

表6.2.2-1 石灰土试配石灰用量

序号	土壤类别	结构部位	石灰掺量（%）				
			1	2	3	4	5
1	塑性指数≤12的黏性土	基层	10	12	13	14	16
		底基层	8	10	11	12	14
2	塑性指数>12的黏性土	基层	5	7	9	11	13
		底基层	5	7	8	9	11
3	砂砾土、碎石土	基层	3	4	5	6	7

注：本表引自《城镇道路工程施工与质量验收规范》CJJ 1—2008 表7.2.2-1。

2 确定混合料的最佳含水量和最大干密度时，在5种石灰剂量中，应做最小、中间和最大3个石灰剂量混合料的击实试验，其余两个石灰剂量混合料的最佳含水量和最大干密度用内插法确定。

3 按规定的压实度，分别计算不同石灰剂量的试块应有的干密度。

4 强度试验的平行试验最少试件数量，不得小于表6.2.2-2的规定。如试验结果的偏差系数大于表中规定值，应重做试验。如不能降低偏差系数，则应增加试件数量。

表6.2.2-2 最少试件数量（件）

土壤类别 \ 偏差系数	<10%	10%~15%	15%~20%
细粒土	6	9	—
中粒土	6	9	13
粗粒土	—	9	13

注：本表引自《城镇道路工程施工与质量验收规范》CJJ 1—2008 表7.2.2-2。

5 试件应在规定温度下按现行《公路工程无机结合料稳定材料试验规程》JTJ 057有关要求制作、养护，进行无侧限抗压强度试验。

6 石灰剂量应根据设计要求强度值选定。试件试验结果的平均抗压强度$\bar{R}$应符合公式（6.2.2）的要求：

$$\bar{R} \geq R_d / (1 - Z_\alpha C_v) \tag{6.2.2}$$

式中：R_d——设计抗压强度；

C_v——试验结果的偏差系数（以小数计）；

Z_α——标准正态分布表中随保证率（试置信度α）而改变的系数，城市快速路和城市主干路应取保证率95%，即$Z_\alpha = 1.645$；其他道路应取保证率90%，即$Z_\alpha = 1.282$。

7 现场实际采用的石灰剂量应比室内试验确定的剂量增加0.5%~1.0%。采用集中厂拌时可增加0.5%。

6.2.3 在城镇人口密集区，应使用厂拌石灰土，不得使用路拌石灰土。

6.2.4 厂拌石灰土应符合下列规定：

1 石灰土拌合前，应先筛除集料中不符合要求的颗粒，使集料的级配和最大粒径符合要求。

2 宜用强制式拌合机进行拌合。配合比应准确，拌合应均匀；含水量应略大于最佳值；石灰土应过筛（20mm方孔）。

3 应根据土和石灰的含水量变化、集料的颗粒组成变化，及时调整拌合用水量。

4 拌成的石灰土应及时运送到铺筑现场。运输中应采取防止水分蒸发和防扬尘措施。

5 拌合厂应向现场提供石灰土配合比、标准击实数据、R_7强度标准值及石灰中活性氧化物含量的资料。

6.2.5 需用人工拌合石灰土时应遵守下列规定：

1 所用土壤应预先打碎、过筛（20mm方孔）集中堆放。

2 应按需要量将土和石灰按配合比要求，进行掺配。掺配时土的含水量应保持略大于最佳含水量1~2个百分点，掺配后过筛（20mm方孔），至颜色均匀一致为止。

3 作业人员应佩戴劳动保护用品，现场应采取防扬尘措施。

6.2.6 石灰土摊铺应遵守下列规定：

1 路床应湿润。
 2 松铺系数应经试验确定。人工摊铺时，松铺系数约为1.65~1.70。
 3 石灰土宜采用机械摊铺。每次摊铺长度宜为一个碾压段。
 4 摊铺掺有粗集料的石灰土时，粗集料应均匀。

6.2.7 碾压应遵守下列规定：
 1 铺好的石灰土应当天碾压成活。
 2 碾压时的含水量宜在最佳含水量的正负两个百分点范围内。
 3 直线和不设超高的平曲线段，应由两侧向中心碾压；设超高的平曲线段，应由内侧向外侧碾压。
 4 初压时，碾速以20~30m/min为宜，灰土初步稳定后，以30~40m/min为宜。
 5 人工摊铺时，宜先用6~8t压路机碾压，灰土初步稳定，找补整形后，方可用重型压路机碾压。
 6 当采用碎石嵌丁封层时，嵌丁石料应在石灰土底层压实度达到85%时撒铺，然后继续碾压，使其嵌入底层，并保持表面有棱角外露。

6.2.8 石灰土层的纵、横向接缝应直顺。纵向接缝宜设在路中线位置，横向接缝应尽量减少。石灰土接缝应做成直茬。当石灰土层为二个以上碾压层时，接茬应做成阶梯形，阶梯宽不得小于1/2层厚。

6.2.9 石灰土养护应遵守下列规定：
 1 石灰土成活后应立即洒水（或覆盖）养护，保持湿润，直至上部结构施工为止。
 2 石灰土碾压成活后可采取喷洒沥青透层油养护。
 3 石灰土养护期应封闭交通。

6.2.10 路拌石灰土应遵守下列规定：
 1 路拌石灰土适用于远离城镇，环境条件允许的道路施工。
 2 路拌石灰土的下承层应在放样前经碾压密实，其压实度、平整度、纵坡、横坡应符合路基相应层的标准要求。
 3 铺土前应在下承层上恢复中线、边线和松铺顶面高程控制标识。
 4 按施工设计规定虚铺厚度将土均匀卸放在卸放点，并完成摊铺，摊铺后应视土壤含水量值，进行适量补水或晾晒，轻压整平。
 5 在土层上按规定的配比均匀摊铺石灰。
 6 用稳定土拌合机拌合，拌合中应检查灰土拌合的均匀程度、拌合深度和含水量，并适时调整含水量。拌合深度宜深入下承层约10mm。
 7 每次摊铺以一个碾压段为基数。

6.3 石灰、粉煤灰稳定砂砾（碎石）基层

6.3.1 原材料应符合下列规定：
 1 石灰应符合本章第6.2.1条的规定。
 2 粉煤灰应符合下列规定：
 1）粉煤灰中的SiO_2、Al_2O_3和Fe_2O_3的总量宜大于70%；

2）在温度为700℃时的烧失量宜小于等于10%。当烧失量大于10%时，应经试验确认混合料强度符合要求时，方可采用。

3）细度应满足90%通过0.3mm筛孔，70%通过0.075mm筛孔，比表面积宜大于2500cm²/g。

3 砂砾应经破碎、筛分，级配宜符合表6.3.1规定，破碎砂砾中最大粒径不得大于37.5mm。

表6.3.1 砂砾、碎石级配

筛孔尺寸(mm)	通过质量百分率（%）			
	级配砂砾		级配碎石	
	次干路及以下道路	城市快速路、主干路	次干路及以下道路	城市快速路、主干路
37.5	100	—	100	—
31.5	85~100	100	90~100	100
19.0	65~85	85~100	72~90	81~98
9.50	50~70	55~75	48~68	52~70
4.75	35~55	39~59	30~50	30~50
2.36	25~45	27~47	18~38	18~38
1.18	17~35	17~35	10~27	10~27
0.60	10~27	10~25	6~20	8~20
0.075	0~15	8~10	0~7	0~7

注：本表引自《城镇道路工程施工与质量验收规范》CJJ 1—2008 表7.3.1。

4 水应符合本规程第6.2.1条的有关规定。

石灰、粉煤灰、砂砾（碎石）配合比应遵守本章第6.2.2条有关规定，进行试配选定。

6.3.2 混合料应由拌合厂集中拌制，且应遵守下列规定：

1 宜采用强制式拌合机拌制，并符合下列要求：

1）拌合时应先将石灰、粉煤灰拌合均匀，再加入砂砾（碎石）和水拌合均匀。混合料含水量宜略大于最佳含水量。

2）拌制石灰、粉煤灰稳定砂砾应做延迟时间试验，确定混合料在贮存场（仓）存放时间及现场完成作业时间。

3）混合料含水量应视气候条件适当调整。

2 拌合厂应向现场提供产品合格证及石灰活性氧化物含量、粒料级配、混合料配合比及R_7强度标准值的资料。

3 运送混合料应加覆盖，防止遗撒、扬尘。

6.3.3 摊铺除应符合本规程第6.2.6条有关规定外，尚应遵守下列规定：

1 混合料在摊铺前其含水量宜为最佳含水量正负两个百分点。

2 混合料每层最大压实厚度为200mm，且不宜小于100mm。

3 摊铺中发生粗、细集料离析时，应及时翻拌。

6.3.4 碾压应遵守本规程第6.2.7条有关规定。

6.3.5 养护应遵守下列规定：

1 混合料基层,应在潮湿状态下养护。养护期视季节而定,常温下不宜少于7d。
2 碾压成活后应采取喷洒沥青透层油养护。
3 养护期间宜封闭交通。需通行的机动车辆应限速,严禁履带车辆通行。

6.4 石灰、粉煤灰、钢渣稳定土类基层

6.4.1 原材料应符合下列规定:
1 石灰应符合本规程第6.2.1条规定。
2 粉煤灰应符合本规程第6.3.1条的有关规定。
3 钢渣破碎后堆存时间应不少于半年,且达到稳定状态,游离氧化钙($fCaO$)含量应小于3%;粉化率不得超过5%。钢渣最大粒径不得大于37.5mm,压碎值不得大于30%,且应清洁,不含废镁砂及其他有害物质;钢渣质量密度应以实际测试值为准。钢渣颗粒组成应符合表6.4.1的规定。

表6.4.1 钢渣混合料中钢渣颗粒组成

通过下列筛孔(mm,方孔)的质量(%)								
37.5	26.5	16	9.5	4.75	2.36	1.18	0.60	0.075
100	95~100	60~85	50~70	40~60	27~47	20~40	10~30	0~15

注:本表引自《城镇道路工程施工与质量验收规范》CJJ 1—2008 表7.4.1。

4 土应符合下列要求:
1)当用石灰粉煤灰稳定土时,土的塑性指数宜为12~20。
2)当用石灰与钢渣稳定土时,其土的塑性指数不得小于6,且不得大于30,宜为7~17。
5 水应符合本规程第6.2.1条有关规定。

6.4.2 石灰、粉煤灰、钢渣稳定土类混合料配合比应依据本规程第6.2.2条的有关规定,进行试配选定。试配配合比可按表6.4.2进行初选。

表6.4.2 石灰、粉煤灰、钢渣稳定土类混合料常用配合比

混合料种类	钢渣	石灰	粉煤灰	土
石灰、粉煤灰、钢渣	60~70	10~7	30~23	—
石灰、钢渣、土	50~60	10~8	—	40~32
石灰、钢渣	90~95	10~5	—	—

注:本表引自《城镇道路工程施工与质量验收规范》CJJ 1—2008 表7.4.2。

6.4.3 混合料应由拌合厂集中拌制。
6.4.4 混合料的拌制、摊铺、碾压、养护应符合本规程第6.3节有关规定。

6.5 水泥稳定土类基层

6.5.1 原材料应符合下列规定:
1 水泥应符合下列要求:
1)应选用初凝时间大于3h,终凝时间不小于6h的普通硅酸盐水泥、矿渣硅酸盐水

泥、火山灰硅酸盐水泥。水泥应有出厂合格证与生产日期，复验合格方可使用。

　　2）水泥贮存期超过3个月或受潮，应进行性能试验，合格后方可使用。

　2　土应符合下列要求：

　　1）土的不均匀系数不得小于5，宜大于10；

　　2）土中小于0.6mm颗粒的含量应小于30%；

　　3）宜选用粗粒土、中粒土。

　　4）稳定土的颗粒范围和技术指标宜符合表6.5.1规定。

表6.5.1　水泥稳定土类的粒料范围及技术指标

项目		通过质量百分率（%）			
		底基层		基层	
		次干路	城市快速路、主干路	次干路	城市快速路、主干路
筛孔尺寸（mm）	53	100	—	—	—
	37.5	—	100	100	90
	31.5	—	90~100	90~100	—
	26.5	—	—	—	66~100
	19	—	67~90	67~90	54~100
	9.5	—	—	45~68	39~100
	4.75	50~100	50~100	29~50	28~84
	2.36	—	—	18~38	20~70
	1.18	—	—	—	14~57
	0.60	17~100	17~100	8~22	8~47
	0.075	0~50	0~30[②]	0~7	0~30
	0.002	0~30	—	—	—
液限（%）		—	—	—	—
塑性指数		—	—	—	—

（续表）

筛孔尺寸(mm) / 项	城市快速路、主干路（基层）
53	—
37.5	—
31.5	100
26.5	90~100
19	72~89
9.5	47~67
4.75	29~49
2.36	17~35
1.18	—
0.60	8~22
0.075	0~7[①]
液限（%）	<28
塑性指数	<9

注：①集料中0.5mm以下细料土有塑性指数时，小于0.075mm的颗粒含量不得超过5%；细粒土无塑性指数时，小于0.075mm的颗粒含量不得超过7%。
　　②当用中粒土、粗粒土作城市快速路、主干路底基层时，颗粒组成范围宜采用作次干路基层的组成。
　　③本表引自《城镇道路工程施工与质量验收规范》CJJ 1—2008　表7.5.2。

　3　砂砾、级配碎石、未筛分碎石、碎石土、砾石和煤矸石、钢渣等粒料做原材料应符合下列要求：

　　1）当作基层时，粒料最大粒径不宜超过37.5mm。

　　2）当作底基层粒料最大粒径：城市快速路、主干路不得超过37.5 mm；次干路及以下道路不得超过53mm。

　　3）各种粒料，应按其自然级配状况，经人工调整使其符合表6.5.1的规定。

　　4）碎石、砾石、煤矸石等的压碎值：城市快速路、主干路和高速公路、一级公路基层与底基层不得大于30%；其他等级道路、公路基层不得大于30%，底基层不得大于35%。

　　5）集料中有机质含量不得超过2%。

　　6）集料中硫酸盐含量不得超过0.25%。

　　7）钢渣尚应符合本规程第6.4.1条的有关规定。

　4　水应符合本规程第6.2.1条的有关规定。

6.5.2 水泥稳定土类材料的配合比，应按本规程第6.2.2条的有关规定，进行试配选定，且应遵守下列规定：

1 试配时水泥掺量宜按表6.5.2选取。

表6.5.2 水泥稳定土类材料试配水泥掺量

土壤、粒料种类	结构部位	水 泥 掺 量（%）				
		1	2	3	4	5
塑性指数小于12的细粒土	基层	5	7	8	9	11
	底基层	4	5	6	7	9
其他细粒土	基层	8	10	12	14	16
	底基层	6	8	9	10	12
中粒土、粗粒土	基层①	3	4	5	6	7
	底基层	3	4	5	6	7

注：① 当强度要求较高时，水泥用量可增加1个百分点。
② 本表引自《城镇道路工程施工与质量验收规范》CJJ 1—2008 表7.5.3。

2 采用厂拌法生产，水泥掺量应比试验剂量加0.5%。水泥最小掺量，粗粒土、中粒土应为3%；细粒土应为4%。

3 水泥稳定土料材料7d抗压强度，城市快速路、主干路和高速公路、一级公路基层为3~4MPa，底基层为1.5~2.5MPa；其他路基层为2.5~3MPa，底基层为1.5~2.0MPa。

6.5.3 道路中使用水泥稳定土类材料，宜集中拌制。

6.5.4 集中拌合水泥稳定土类材料应遵守下列规定：

1 集料应过筛，级配符合设计要求。

2 混合料配合比应计量准确、拌合均匀、含水量符合施工要求。

3 拌合厂（站）应向现场提供产品合格证及水泥用量、粒料级配、混合料配合比、R7强度值。

4 水泥稳定土类材料运输时，应采取覆盖措施防止水分损失和扬尘。

6.5.5 摊铺应遵守下列规定：

1 施工前应通过试验确定松铺系数。水泥土的松铺系数一般为1.53~1.58；水泥稳定砂砾为1.30~1.35。

2 宜采用专用摊铺机械摊铺。

3 施工时，应按当班施工长度计算用料量。自拌合至摊铺完成，不得超过3h。

4 分层摊铺时，应在下层养护7d后，方可摊铺上层材料。

6.5.6 碾压应遵守下列规定：

1 在含水量等于或略大于最佳含水量时进行。碾压应符合本规程第6.2.7条有关规定。

2 宜用12~18t压路机作初步稳定碾压，混合料初步稳定后用大于18t的压路机碾压，至表面平整、无明显轮迹，且达到要求的压实度。

3 水泥稳定土类材料，应在加水拌合3~4h内，水泥初凝前碾压成活。

4 当使用振动压路机时，应符合环境保护和周围建筑物及地下管线、构筑物的安全要求。

6.5.7 接缝（茬）应符合本规程第6.2.8条有关规定。

6.5.8 养护应遵守下列规定：

1 水泥稳定土基层宜成活后喷洒沥青透层油养护。常温下成活后应经7d养护，方可在其上铺路面层。
2 养护期间应封闭交通。

6.5.9 路拌水泥稳定土类材料应遵守下列规定：
1 路拌施工应根据延时对混合料抗压强度和压实度的影响，运输与拌合施工机械的数量与效率，确定流水作业分段长度。
2 流水作业段面积以1400～1600m^{2}为宜。
3 路拌水泥稳定土的下承层应经压实整平处理，其压实度与平整度、坡度应符合路基的相应层位的有关要求。
4 铺土应按松铺厚度控制，并按施工步序的要求依序卸土摊铺整平后，根据土壤含水量变化酌量洒水闷土。
5 摊铺宜使用平地机。
6 路拌水泥稳定土的水泥用量宜为4%～5%。
7 在拌合的当日，应按施工配合比规定，将水泥均匀摊铺在土层上，用专用拌合机械拌合，并应设专人跟机，检查拌合深度与均匀度。拌合深度宜伸入下承层10mm左右。
8 碾压、接缝、养护应遵守本规程第6.5.7、6.2.8、6.5.8条有关规定。

6.6 级配砂砾（砾石）基层

6.6.1 级配砂砾（砾石）可作为城市次干路和二级公路以下道路、公路基层。
6.6.2 级配砂砾（砾石）应符合下列要求：
1 天然砂砾应质地坚硬，含泥量不得大于砂质量（粒径小于5mm）的10%，砾石颗粒中细长及扁平颗粒的含量不得超过20%。
2 级配砾石作次干路和二级公路及其以下道路、公路底基层时，级配中最大粒径宜小于53mm，作基层时最大粒径不得大于37.5mm。
3 级配砂砾（砾石）的颗粒范围和技术指标宜符合表6.6.2的规定。

表6.6.2 级配砂砾（砾石）的颗粒范围及技术指标

项目		通过质量百分率（%）		
		基层	底基层	
		砾石	砾石	砂砾
筛孔尺寸（mm）	53		100	100
	37.5	100	90～100	80～100
	31.5	90～100	81～94	
	19.0	73～88	63～81	
	9.5	49～69	45～66	40～100
	4.75	29～54	27～51	25～85
	2.36	17～37	16～35	
	0.6	8～20	8～20	8～45
	0.075	0～7②	0～7②	0～15

续表

项目	通过质量百分率（%）		
	基 层	底 基 层	
	砾 石	砾 石	砂 砾
液限（%）	<28	<28	
塑性指数	<6（或9①）	<6（或9①）	

注：① 示潮湿多雨地区塑性指数宜小于6，其他地区塑性指数宜小于9。
② 示对于无塑性的混合料，小于0.075mm的颗粒含量接近高限。
③ 本表引自《城镇道路工程施工与质量验收规范》CJJ 1—2008 表7.6.2。

  4 集料压碎值应符合表6.7.1-2规定。

6.6.3 摊铺应遵守下列规定：

  1 砂砾石层宜用平地机摊铺，砾石层宜用专用机械摊铺，也可用人工摊铺。
  2 松铺系数应通过试验段确定。每层摊铺虚厚不宜超过300mm。
  3 砂砾应摊铺均匀一致，发生粗、细骨料集中（"梅花"、"砂窝"）、离析现象时，应及时翻拌均匀。
  4 每次摊铺长度宜为30～50m。

6.6.4 碾压成活应遵守下列规定：

  1 碾压前应洒水，洒水量应使全部砂砾湿润，且不导致其层下翻浆。
  2 碾压过程中应保持砂砾湿润。
  3 碾压时应用12t以上压路机进行，初始碾速宜为25～30m/min，砂砾初步稳定后，碾速宜控制在35～40m/min，碾压至压实度符合设计要求、轮迹不大于5mm，砂石表面平整、坚实、无松散和粗、细集料集中等现象。
  4 上层铺筑前，不得开放交通。

6.7 级配碎石（碎砾石）基层

6.7.1 级配碎石（碎砾石）材料应符合下列规定：

  1 轧制碎石的材料可以是各种类型的岩石（软质岩石除外）、砾石。用作轧制碎石的砾石粒径应为碎石最大粒径的3倍以上，碎石中不得有黏土块、植物根叶、腐殖质等有害物质。
  2 碎石中针片状颗粒的总含量不得超过20%。
  3 级配碎石或级配碎砾石颗粒范围和技术指标应符合表6.7.1-1规定。

表6.7.1-1 级配碎石或级配碎砾石的颗粒范围及技术指标

项目		通过质量百分率（%）			
		基 层		底 基 层③	
		次干路及以下道路	城市快速路、主干路	次干路及以下道路	城市快速路、主干路
筛孔尺寸（mm）	53	—	—	100	—
	37.5	100	—	85～100	100
	31.5	90～100	100	69～88	83～100

续表

项目		通过质量百分率（%）			
		基 层		底 基 层③	
		次干路及以下道路	城市快速路、主干路	次干路及以下道路	城市快速路、主干路
筛孔尺寸（mm）	19.0	73~88	85~100	40~65	54~84
	9.5	49~69	52~74	19~43	29~59
	4.75	29~54	29~54	10~30	17~45
	2.36	17~37	17~37	8~25	11~35
	0.6	8~20	8~20	6~18	6~21
	0.075	0~7②	0~7②	0~10	0~10
液限（%）		<28	<28	<28	<28
塑性指数		<6（或9①）	<6（或9①）	<6（或9①）	<6（或9①）

注：① 示潮湿多雨地区塑性指数宜小于6，其他地区塑性指数宜小于9。
② 示对于无塑性的混合料，小于0.075mm的颗粒含量接近高限。
③ 示底基层所列为未筛分碎石颗粒组成范围。
④ 本表引自《城镇道路工程施工与质量验收规范》CJJ 1—2008 表7.7.1-1。

4 级配碎石或级配碎砾石石料的压碎值应符合表6.7.1-2规定。

表6.7.1-2 级配碎石或级配碎砾石压碎值

项 目	压 碎 值	
	基 层	底 基 层
城市快速路、主干路	<26%	<30%
次干路	<30%	<35%
次干路以下道路	<35%	<40%

注：本表引处自《城镇道路工程施工与质量验收规范》CJJ 1—2008 表7.7.1-2。

5 碎石或碎砾石应为多棱角块体，软弱颗粒含量应小于5%；扁平细长碎石含量应小于20%。

6.7.2 摊铺应遵守下列规定：

1 级配碎石（碎砾石）层宜采用专用机械摊铺，也可用人工摊铺。
2 松铺系数应通过试验段确定，人工摊铺一般为1.40~1.50；机械摊铺为1.25~1.35。
3 摊铺碎石每层应按松铺厚度一次铺齐，颗粒分布应均匀，厚度一致，不得多次找补。
4 已摊平的碎石，碾压前应断绝交通，保持摊铺层清洁。

6.7.3 碾压除遵守本规程第6.2节有关规定外，尚应遵守下列规定：

1 碾压前和碾压中应适量洒水。
2 碾压中对产生"过碾"现象的部位，应进行换填处理。

6.7.4 成活应遵守下列规定：

1 碎石成活中应适量洒水。
2 视压实碎石的缝隙撒布嵌缝料。
3 用12t以上的压路机碾压至缝隙嵌挤密实，稳定坚实，表面平整，轮迹小于5mm。
4 未铺装上层前，对已成活的碎石基层应保持养护，不得开放交通。

7 沥青混合料面层

7.1 一般规定

7.1.1 沥青混合料面层不得在雨、雪天气及环境最高温度低于5℃时施工。

7.1.2 施工中应根据面层厚度和沥青混合料的种类、组成、施工地域、施工季节,确定铺筑层次及各分层厚度。

7.1.3 原材料应符合下列规定:

 1 沥青应符合下列要求:

 1)宜优先采用A级沥青在道路面层中使用。B级沥青可在次干路及其以下道路面层中使用。缺乏所需标号的沥青时,可采用不同标号沥青掺配,掺配比应经试验确定。道路石油沥青的主要要求应符合表7.1.3-1的规定。

表 7.1.3-1 道路石油沥青的主要技术要求

指标	单位	等级	沥青标号													试验方法[①]
			160[④]	130[④]	110		90			70[③]				50[③]		T0604
针入度(25℃, 5s, 100g)	0.1mm		140~200	120~140	100~120		80~100			60~80				40~60		附录A
适用的气候分区[⑥]			④	④	2-1	2-2	2-3	1-1	1-2	1-3	2-2	2-3	1-3	1-4	2-2	2-3	2-4	1-4	T0604
针入度指数PI[②]		A					−1.5÷1.0										T0604
		B					−1.8+1.0										
软化点(R&B),≥	℃	A	38	40	43		45			44		46			45	49	T0606
		B	36	39	42		43			42		44			43	46	
		C	35	37	41		42					43				50	
60℃动力黏度系数[②]≥	Pa·s	A	—	60	120		160			140		180			160	200	T0620
10℃延度[②],≥	cm	A	50	50	40		45	30	20	30	20	20	15	25	20	15	15	T0605
		B	30	30	30		30	20	15	20	15	10	20	15	10	10		
15℃延度,≥	cm	A B					100								80		
		C	80	80	60		50					40				30		
蜡含量(蒸馏法),≤	%	A					2.2										T0615
		B					3.0										
		C					4.5										
闪点,≥	℃			230			245					260					T0611

续表

指标	单位	等级	沥青标号						试验方法①
			160④	130④	110	90	70③	50③	T0604
溶解度，≥	%		99.5						T0607
密度（15℃）	g/m³		实测记录						T0603
TFOT（或RTFOT）后⑤									T0610 或 T0609
质量变化，≤	%		±0.8						
残留针入度比（25℃），≥	%	A	48	54	55	57	61	63	T0604
		B	45	50	52	54	58	60	
		C	40	45	48	50	54	58	
残留延度（10℃），≥	cm	A	12	12	10	8	6	4	T0605
		B	10	10	8	6	4	2	
残留延度（15℃），≥	cm	C	40	35	30	20	15	10	T0605

注：① 试验方法：按照现行《公路工程沥青及混合料试验规程》JTJ 052—2000 规定的表中方法执行。用于仲裁试验指标取 PI 时的 5 个温度的针入度关系的相关系数不得小于 0.997。
② 经建设单位同意，表中 PI 值、60℃动力黏度、10℃延度可作为选择性指标，也可不作为施工质量检验指标。
③ 70 号沥青可根据需要要求供应商提供针入度范围为 60～70 或 70～80 的沥青，50 号沥青可要求提供针入度范围为 40～50 或 50～60 的沥青。
④ 130 号和 160 号沥青除寒冷地区可直接在次干路以下道路上直接应用外，通常用作乳化沥青、稀释沥青、改性沥青的基质沥青。
⑤ 老化试验以 TFOT 为准，也可以 RTFOT 代替。
⑥ 气候分区，以温度、雨（雪）作为主要区分条件。详见附录 A。
⑦ 本表引自《城镇道路工程施工与质量验收规范》CJJ 1—2008 表 8.1.7-1。

2）乳化沥青的质量应符合表 7.1.3-2 的规定。在高温条件下宜采用黏度较大的乳化沥青，寒冷条件下宜使用黏度较小的乳化沥青。

表 7.1.3-2 道路用乳化沥青技术要求

试验项目		单位	品种代号										试验方法
			阳离子				阴离子				非离子		
			喷洒用			拌合用	喷洒用			拌合用	喷洒用	拌合用	
			PC—1	PC—2	PC—3	BC—1	PA—1	PA—2	PA—3	BA—1	PN—2	BN—1	
破乳速度			快裂	慢裂	快裂或中裂	慢裂或中裂	快裂	慢裂	快裂或中裂	慢裂或中裂	慢裂	慢裂	T0658
粒子电荷			阳离子（+）				阴离子（-）				非离子		T0653
筛上残留物（1.18mm 筛），≤		%	0.1				0.1				0.1		T0652
黏度	恩格拉黏度计 E_{25}		2～10	1～6	1～6	2～30	2～10	1～6	1～6	2～30	1～6	2～30	T0622
	道路标准黏度计 $C_{25,3}$	s	10～25	8～20	8～20	10～60	10～25	8～20	8～20	10～60	8～20	10～60	T0621
蒸发残留物	残留分含量，≥	%	50	50	50	55	50	50	50	55	50	55	T0651
	溶解度，≥	%	97.5				97.5				97.5		T0607
	针入度（25℃）	0.1mm	50～200	50～300	45～150		50～200	50～300	45～150		50～300	60～300	T0604
	延度（15℃）≥	cm	40				40				40		T0605

续表

试验项目	单位	品种代号									试验方法
		阳离子				阴离子				非离子	
		喷洒用			拌合用	喷洒用			拌合用	喷洒用	拌合用	
		PC—1	PC—2	PC—3	BC—1	PA—1	PA—2	PA—3	BA—1	PN—2	BN—1	
与粗集料的黏附性，裹附面积，≥		2/3			—	2/3			—	2/3	—	T0654
与粗、细粒式集料拌合试验		—			均匀	—			均匀	—		T0659
水泥拌合试验的筛上剩余，≤	%	—				—				—	3	T0657
常温贮存稳定性：1d，≤ 5d，≤	%	1 5				1 5				1 5		T0655

注：① P 为喷洒型，B 为拌合型，C、A、N 分别表示阳离子、阴离子、非离子乳化沥青。
② 黏度可选用恩格拉黏度计或沥青标准黏度计之一测定。
③ 表中的破乳速度与集料的黏附性、拌合试验的要求、所使用的石料品种有关，质量检验时应采用工程上实际的石料进行试验，仅进行乳化沥青产品质量评定时可不要求此三项指标。
④ 贮存稳定性根据施工实际情况选用试验时间，通常采用 5d，乳液生产后能在当天使用时，也可用 1d 的稳定性。
⑤ 当乳化沥青需要在低温冰冻条件下贮存或使用时，尚需按 T0656 进行 −5℃ 低温贮存稳定性试验，要求没有粗颗粒、不结块。
⑥ 如果乳化沥青是将高浓度产品运到现场经稀释后使用时，表中的蒸发残留物等各项指标指稀释前乳化沥青的要求。
⑦ 本表引自《城镇道路工程施工与质量验收规范》CJJ 1—2008 表 8.1.7-2。

3）用于透层、黏层、封层及拌制冷拌沥青混合料的液体石油沥青的技术要求应符合表 7.1.3-3 的规定。

表 7.1.3-3　道路用液体石油沥青技术要求

试验项目		单位	快凝		中凝						慢凝						试验方法
			AL(R)-1	AL(R)-2	AL(M)-1	AL(M)-2	AL(M)-3	AL(M)-4	AL(M)-5	AL(M)-6	AL(S)-1	AL(S)-2	AL(S)-3	AL(S)-4	AL(S)-5	AL(S)-6	
黏度	C_{25}^5	s	<20	—	<20	—	—	—	—	—	<20	—	—	—	—	—	T0621
	C_{60}^5	s	—	5~15	—	5~15	16~25	26~40	41~100	101~200	—	5~15	16~25	26~40	41~100	101~200	
蒸馏体积	225℃	%	>20	>15	<10	<7	<3	<2	0	0	—	—	—	—	—	—	T0632
	315℃	%	>35	>30	<35	<25	<17	<14	<8	<5	—	—	—	—	—	—	
	360℃	%	>45	>35	<50	<35	<30	<25	<20	<15	<40	<35	<25	<20	<15	<5	
蒸馏后残留物	针入度(25℃)	0.1mm	60~200	60~200	100~300	100~300	100~300	100~300	100~300	100~300	—	—	—	—	—	—	T0604
	延度(25℃)	cm	>60	>60	>60	>60	>60	>60	>60	>60	—	—	—	—	—	—	T0605
	浮漂度(5℃)	s	—	—	—	—	—	—	—	—	<20	>20	>30	>40	>45	>50	T0631
闪点（TOC 法）		℃	>30	>30	>65	>65	>65	>65	>65	>65	>70	>70	>100	>100	>120	>120	T0633
含水量≤		%	0.2	0.2	0.2	0.2	0.2	0.2	0.2	0.2	2.0	2.0	2.0	2.0	2.0	2.0	T0612

注：本表引自《城镇道路工程施工与质量验收规范》CJJ 1—2008 表 8.1.7-3。

4）当使用改性沥青时，改性沥青的基质沥青应与改性剂有良好的配伍性。聚合物改性沥青主要技术要求应符合表 7.1.3-4 的规定。

表 7.1.3-4　聚合物改性沥青技术要求

指标	单位	SBS 类（Ⅰ类）				SBR 类（Ⅱ类）			EVA、PE 类（Ⅲ类）				试验方法
		Ⅰ—A	Ⅰ—B	Ⅰ—C	Ⅰ—D	Ⅱ—A	Ⅱ—B	Ⅱ—C	Ⅲ—A	Ⅲ—B	Ⅲ—C	Ⅲ—D	
针入度 25℃，100g，5s	0.1mm	>100	80~100	60~80	30~60	>100	80~100	60~80	>80	60~80	40~60	30~40	T0604
针入度指数 PI，≥	—	-1.2	-0.8	-0.4	0	-1.0	-0.8	-0.6	-1.0	-0.8	-0.6	-0.4	T0604
延度 5℃，5cm/min ≥	cm	50	40	30	20	60	50	40	—	—	—	—	T0605
软化点 $T_{R\&b}$ ≥	℃	45	50	55	60	45	48	50	48	52	56	60	T0606
运动黏度① 135℃，≤	Pa·s	3											T0625 T0619
闪点，≥	℃	230				230			230				T0611
溶解度，≥	%	99				99			—				T0607
弹性恢复 25℃，≥	%	55	60	65	75	—	—	—	—	—	—	—	T0662
黏韧性，≥	N·m	—				5			—				T0624
韧性，≥	N·m	—				2.5			—				T0624
贮存稳定性② 离析，48h，软化点差，≤	℃	2.5				—			无改性剂明显析出、凝聚				T0661
TFOT（或 RTFOT）后残留物													
质量变化允许范围	%	±1.0											T0610 或 T0609
针入度比 25℃，≥	%	50	55	60	65	50	55	60	50	55	58	60	T0604
延度 5℃，≥	cm	30	25	20	15	30	20	10	—	—	—	—	T0605

注：① 135℃运动黏度可采用现行《公路工程沥青及沥青混合料试验规程》JTJ 052—2000 中的"沥青氏旋转黏度试验方法（布洛克菲尔德黏度计法）"进行测定。若在不改变改性沥青物理力学性质并符合安全条件的温度下易于泵送和拌合，或经证明适当提高泵送和拌合温度时能保证改性沥青的质量，容易施工，可不要求测定。
② 贮存稳定性指标适用于工厂生产的成品改性沥青。现场制作的改性沥青对贮存稳定性指标可不作要求，但必须在制作后，保持不间断的搅拌或泵送循环，保证使用前没有明显的离析。
③ 本表引自《城镇道路工程施工与质量验收规范》CJJ 1—2008　表 8.1.7-4。
④ 本表试验方法引自《公路工程沥青及沥青混合料试验规程》JTJ 052—2000。

5）改性乳化沥青技术要求应符合表 7.1.3-5 的规定。

表 7.1.3-5　改性乳化沥青技术要求

试验项目		单位	品种及代号		试验方法
			PCR	BCR	
破乳速度		—	快裂或中裂	慢裂	T0658
粒子电荷		—	阳离子（+）	阳离子（+）	T0653
筛上剩余量（1.18mm）≤		%	0.1	0.1	T0652
黏度	恩格拉黏度 E_{25}	—	1~10	3~30	T0622
	沥青标准黏度 $C_{25,3}$	s	8~25	12~60	T0621
蒸发残留物	含量，≥	%	50	60	T0651
	针入度（100g，25℃，5s）	0.1mm	40~120	40~100	T0604
	软化点，≥	℃	50	53	T0606

续表

试 验 项 目		单位	品种及代号		试验方法
			PCR	BCR	
蒸发残留物	延度（5℃），≥	cm	20	20	T0605
	溶解度（三氯乙烯），≥	%	97.5	97.5	T0607
与矿料的粘附性，裹覆面积，≥		—	2/3	—	T0654
贮存稳定性	1d，≤	%	1	1	T0655
	5d，≤	%	5	5	T0655

注：① 破乳速度与集料粘附性、拌合试验、所使用的石料品种有关。工程上施工质量检验时应采用实际的石料试验，仅进行产品质量评定时可不对这些指标提出要求。
② 当用于填补车辙时，BCR 蒸发残留物的软化点宜提高至不低于 55℃。
③ 贮存稳定性根据施工实际情况选择试验天数，通常采用 5d，乳液生产后能在第二天使用完时也可选用 1d。个别情况下改性乳化沥青 5d 的贮存稳定性难以满足要求，如果经搅拌后能达到均匀一致并不影响正常使用，此时要求改性乳化沥青运至工地后存放在附有搅拌装置的贮存罐内，并不断地进行搅拌，否则不准使用。
④ 当改性乳化沥青或特种改性乳化沥青需要在低温冰冻条件下贮存或使用时，尚需按 T0656 进行 −5℃ 低温贮存稳定性试验，要求没有粗颗粒、不结块。
⑤ 本表引自《城镇道路工程施工与质量验收规范》CJJ 1—2008 表 8.1.7-5。
⑥ 试验方法引自《公路工程沥青及沥青混合料试验规程》JTJ 052—2000。

2 粗集料应符合下列要求：
1）粗集料应符合工程设计规定级配范围。
2）骨料对沥青的粘附性，城市快速路、主干路应大于等于 4 级；次干路、二级公路及以下道路、公路应大于或等于 3 级。集料具有一定的破碎面颗粒含量，具有 1 个破碎面的含量宜大于 90%，两个或两个以上破碎面的含量宜大于 80%。
3）粗集料的技术要求应符合表 7.1.3-6 的规定。

表 7.1.3-6　沥青混合料用粗集料技术要求

指　标	单位	城市快速路、主干路		其他等级道路	试验方法
		表面层	其他层次		
石料压碎值，≤	%	26	28	30	T0316
洛杉矶磨耗损失，≤	%	28	30	35	T0317
表观相对密度，≥	—	2.60	2.5	2.45	T0304
吸水率，≤	%	2.0	3.0	3.0	T0304
坚固性，≤	%	12	12	—	T0314
针片状颗粒含量（混合料），≤	%	15	18	20	T0312
其中粒径大于 9.5mm，≤	%	12	15	—	
其中粒径小于 9.5mm，≤	%	18	20	—	
水洗法 <0.075mm 颗粒含量，≤	%	1	1	1	T0310
软石含量，≤	%	3	5	5	T0320

注：① 坚固性试验可根据需要进行。
② 用于城市快速路、主干路时，多孔玄武岩的视密度可放宽至 2.45t/m³，吸水率可放宽至 3%，但必须得到建设单位的批准，且不得用于 SMA 路面。
③ 对 S14 即 3~5 规格的粗集料，针片状颗粒含量可不予要求，小于 0.075mm 含量可放宽到 3%。
④ 本表引自《城镇道路工程施工与质量验收规范》CJJ 1—2008 表 8.1.7-6。
⑤ 试验方法出自《公路工程集料试验规程》JTG E42—2005。

4）粗集料的粒径规格应符合表 7.1.3-7 的规定。

表 7.1.3-7 沥青混合料用粗集料规格

规格名称	公称粒径（mm）	通过下列筛孔（mm）的质量百分率（%）											
		106	75	63	53	37.5	31.5	26.5	19.0	13.2	9.5	4.75	2.36	0.6
S1	40~75	100	90~100	—	0~15	—	0~5							
S2	40~60		100	90~100	—	0~15	—	0~5						
S3	30~60		100	90~100	—	—	0~15	—	0~5					
S4	25~50			100	90~100	—	—	0~15	—	0~5				
S5	20~40				100	90~100	—	—	0~15	—	0~5			
S6	15~30					100	90~100	—	—	0~15	—	0~5		
S7	10~30					100	90~100	—	—	0~15	0~5			
S8	10~25						100	90~100	—	0~15	—	0~5		
S9	10~20							100	90~100	—	0~15	0~5		
S10	10~15								100	90~100	0~15	0~5		
S11	5~15								100	90~100	40~70	0~15	0~5	
S12	5~10									100	90~100	0~15	0~5	
S13	3~10									100	90~100	40~70	0~20	0~5
S14	3~5										100	90~100	0~15	0~3

注：本表引自《城镇道路工程施工与质量验收规范》CJJ 1—2008 表 8.1.7-7。

3 细集料应符合下列要求：

1）细集料应洁净、干燥、无风化、无杂质。

2）热拌密级配沥青混合料中天然砂的用量不宜超过集料总量的20%，SMA 和 OGFC 不宜使用天然砂。

3）细集料的质量要求应符合表 7.1.3-8 的规定。

表 7.1.3-8 细集料质量要求

项 目	单位	城市快速路、主干路	其他等级道路	试验方法
表观相对密度	—	≥2.50	≥2.45	T0328
坚固性（>0.3mm 部分）	%	≥12	—	T0340
含泥量（小于0.075mm 的含量）	%	≤3	≤5	T0333
砂当量	%	≥60	≥50	T0334
亚甲蓝值	g/kg	≤25		T0346
棱角性（流动时间）	s	≥30		T0345

注：① 坚固性试验可根据需要进行。
② 本表引自《城镇道路工程施工与质量验收规范》CJJ 1—2008 表 8.1.7-8。
③ 试验方法引自《公路工程集料试验规程》JTG E42—2005。

4）沥青混合料用天然砂规格应符合表 7.1.3-9 的规定。

表 7.1.3-9 沥青混合料用天然砂规格

筛孔尺寸（mm）	通过各孔筛的质量百分率（%）		
	粗 砂	中 砂	细 砂
9.5	100	100	100
4.75	90~100	90~100	90~100

续表

筛孔尺寸（mm）	通过各孔筛的质量百分率（%）		
	粗 砂	中 砂	细 砂
2.36	65～95	75～90	85～100
1.18	35～65	50～90	75～100
0.6	15～30	30～60	60～84
0.3	5～20	8～30	15～45
0.15	0～10	0～10	0～10
0.075	0～5	0～5	0～5

注：本表引自《城镇道路工程施工与质量验收规范》CJJ 1—2008 表8.1.7-9。

5）沥青混合料用机制砂或石屑规格应符合表7.1.3-10的规定。

表7.1.3-10 沥青混合料用机制砂规格

规格	公称粒径（mm）	水洗法通过各筛孔的质量百分数（%）							
		9.5	4.75	2.36	1.18	0.6	0.3	0.15	0.075
S15	0～5	100	90～100	60～90	40～75	20～55	7～40	2～20	0～10
S16	0～3	—	100	80～100	50～80	25～60	8～45	0～25	0～15

注：本表引自《城镇道路工程施工与质量验收规范》CJJ 1—2008 表8.1.7-10。

4 矿粉应用石灰岩等憎水性石料磨制。当用粉煤灰作填料时，其用量不得超过填料总量50%。沥青混合料用矿粉技术要求应符合表7.1.3-11的规定。

表7.1.3-11 沥青混合料用矿粉技术要求

项 目	单 位	城市快速路、主干路	其他等级道路、公路	试验方法
表观密度	t/m^3	≥2.50	≥2.45	T0352
含水量	%	≥1	≥1	T0103 烘干法
粒度范围 <0.6 mm	%	100	100	
<0.15 mm	%	90～100	90～100	T0351
<0.075 mm	%	75～100	70～100	
外观	—	无团粒结块		
亲水系数		<1		T0353
塑性指数	%	<4		T0354
加热安定性	—	实测记录		T0355

注：① 本表引自《城镇道路工程施工与质量验收规范》CJJ 1—2008 表8.1.7-11。
② 试验方法出自《公路土工试验规程》JTG E40—2007 和《公路工程集料试验规程》JTG E42—2005。

5 纤维稳定剂应在250℃条件下不变质。不宜使用石棉纤维。木质素纤维技术要求应符合表7.1.3-12的规定。

表7.1.3-12 木质素纤维技术要求

项 目	单 位	指 标	试 验 方 法
纤维长度	mm	≤6	水溶液用显微镜观测
灰分含量	%	18±5	高温590℃～600℃燃烧后测定残留物
pH值		7.5±1.0	水溶液用pH试纸或pH计测定
吸油率	—	≥纤维质量的5倍	用煤油浸泡后放在筛上经振敲后称量
含水率（以质量计）	%	≤5	105℃烘箱烘2h后的冷却称量

注：本表引自《城镇道路工程施工与质量验收规范》CJJ 1—2008 表8.1.7-12。

7.1.4 不同料源、品种、规格的原材料应分别存放，不得混存。

7.1.5 选用沥青混合料原材料和配合比设计应遵守下列规定：

1 根据各地区气候条件、道路等级、路面结构等情况，通过试验，确定适宜的沥青混合料技术指标。

2 进行配合比设计前，应对当地同类道路的沥青混合料配合比及其使用情况进行调研，借鉴成功经验。

3 各地区应结合当地自然条件、充分利用当地资源，选择合格的材料。

4 进行沥青混合料配合比设计。

7.1.6 基层施做下封层后，应及时铺筑面层。

7.2 热拌沥青混合料面层

7.2.1 热拌沥青混合料（HMA）适用于各种等级道路的面层。其种类按集料公称最大粒径、矿料级配、空隙率划分，并应符合表7.2.1的规定。施工中应按工程要求选择适宜的混合料规格、品种。

表7.2.1 热拌沥青混合料种类

混合料类型	密级配		开级配			半开级配	公称最大粒径（mm）	最大粒径（mm）
	连续级配	间断级配	间断级配			沥青碎石		
	沥青混凝土	沥青稳定碎石	沥青玛琋脂碎石	排水式沥青磨耗层	排水式沥青碎石基层			
特粗式	—	ATB-40	—	—	ATPB-40	—	37.5	53.0
粗粒式	—	ATB-30	—	—	ATPB-30	—	31.5	37.5
	AC-25	ATB-25	—	—	ATPB-25	—	26.5	31.5
中粒式	AC-20	—	SMA-20	—	—	AM-20	19.0	26.5
	AC-16	—	SMA-16	OGFC-16	—	AM-16	16.0	19.0
细粒式	AC-13	—	SMA-13	OGFC-13	—	AM-13	13.2	16.0
	AC-10	—	SMA-10	OGFC-10	—	AM-10	9.5	13.2
砂粒式	AC-5	—	—	—	—	—	4.75	9.5
设计空隙率（%）	3~5	3~6	3~4	>18	>18	6~12	—	—

注：① 设计空隙率可按配合比设计要求适当调整。
② 本表引自《城镇道路工程施工与质量验收规范》CJJ 1—2008 表8.2.1。

7.2.2 沥青混合料面层集料的最大粒径应与分层压实层厚度相匹配。密级配沥青混合料，每层的压实厚度不宜小于集料公称最大粒径的2.5~3倍；对SMA和OGFC等嵌挤型混合料不宜小于公称最大粒径的2~2.5倍。

7.2.3 沥青混合料拌合及施工温度应根据沥青标号及黏度、气候条件、铺装层的厚度、下卧层温度确定。

1 普通沥青混合料拌合及压实温度宜通过在135℃~175℃条件下测定的黏度—温度曲线，按表7.2.3-1确定。缺乏黏温曲线数据时，可参照表7.2.3-2的规定，结合实际情况确定混合料的拌合及施工温度。

表 7.2.3-1　沥青混合料拌合及压实时适宜温度相应的黏度

黏　度	适宜于拌合的沥青混合料黏度	适宜于压实的沥青混合料黏度	测定方法
表观黏度	(0.17 ± 0.02) Pa·s	(0.28 ± 0.03) Pa·s	T0625
运动黏度	(170 ± 20) mm²/s	(280 ± 30) mm²/s	T0619
赛波特黏度	(85 ± 10) s	(140 ± 15) s	T0623

注：① 本表引自《城镇道路工程施工与质量验收规范》CJJ 1—2008　表 8.2.5-1。
　　② 本表试验方法出自《公路工程沥青及沥青混合料试验规程》JTJ 052—2000。

表 7.2.3-2　热拌沥青混合料的拌合及施工温度（℃）

施　工　工　序		石　油　沥　青　的　标　号			
		50 号	70 号	90 号	110 号
沥青加热温度		160~170	155~165	150~160	145~155
矿料加热温度	间隙式拌合机	集料加热温度比沥青温度高 10~30			
	连续式拌合机	矿料加热温度比沥青温度高 5~10			
沥青混合料出料温度①		150~170	145~165	140~160	135~155
混合料贮料仓贮存温度		贮料过程中温度降低不超过 10			
混合料废弃温度，高于		200	195	190	185
运输到现场温度①		145~165	140~155	135~145	130~140
混合料摊铺温度，不低于①		140~160	135~150	130~140	125~135
开始碾压的混合料内部温度，不低于①		135~150	130~145	125~135	120~130
碾压终了的表面温度，不低于②		75~85	70~80	65~75	55~70
		75	70	60	55
开放交通的路表面温度，不高于		50	50	50	45

注：① 沥青混合料的施工温度采用具有金属探测针的插入式数显温度计测量。表面温度可采用表面接触式温度计测定。当用红外线温度计测量表面温度时，应进行标定。
② 表中未列入的 130 号、160 号及 30 号沥青的施工温度由试验确定。
③ 表中①常温下宜用低值，低温下宜用高值。
④ 表中②视压路机类型而定。轮胎压路机取高值，振动压路机取低值。
⑤ 本表引自《城镇道路工程施工与质量验收规范》CJJ 1—2008　表 8.2.5-2。

2　聚合物改性沥青混合料拌合及施工温度应根据实践经验经试验确定。通常宜较普通沥青混合料温度提高 10~20℃。

3　施工经验不足时宜按表 7.2.3-3 进行初选。

表 7.2.3-3　聚合物改性沥青混合料拌合及施工温度（℃）

工　　序	聚合物改性沥青品种		
	SBS 类	SBR 胶乳类	EVA、PE 类
沥青加热温度	160~165		
改性沥青现场制作温度	165~170	—	165~170
成品改性沥青加热温度，不大于	175	—	175
集料加热温度	190~220	200~210	185~195
改性沥青和 SMA 混合料出厂温度	170~185	160~180	165~180
混合料最高温度（废弃温度）	195		
混合料贮存温度	拌合出料后降低不超过 10		

续表

工 序	聚合物改性沥青品种		
	SBS 类	SBR 胶乳类	EVA、PE 类
摊铺温度，不低于	160		
初压开始温度，不低于	150		
碾压终了的表面温度，不低于	90		
开放交通时的路表温度，不高于	50		

注：① 同表 7.2.3-2。
② 当采用表列以外的聚合物或天然沥青改性沥青时，施工温度由试验确定。
③ 本表引自《公路沥青路面施工技术规范》JTG F40—2004 表 5.2.2-3。

7.2.4 热拌沥青混合料宜由有资质的沥青混合料搅拌站集中拌制供应。

7.2.5 施工现场设置集中搅拌站应遵守下列规定：

1 拌合站的设置必须符合国家有关环境保护、消防、安全等规定。
2 拌合站贮料场及场内道路应做硬化处理，具有完备的排水设施。
3 各种集料（含外掺剂、混合料成品）必须分仓贮存，并有防雨设施。
4 拌合机必须设二级除尘装置。矿粉料仓应配置振动卸料装置。
5 采用连续式拌合机拌合时，使用的集料料源应稳定不变。
6 采用间歇式拌合机拌合时，拌合能力应满足施工进度要求。冷料仓的数量应满足配合比需要，通常不宜少于 5~6 个。
7 沥青混合料拌合设备的各种传感器必须按规定周期检定。
8 集料与沥青混合料取样应符合现行试验规程的要求。
9 拌合站与工地现场距离应满足混合料运抵现场时，施工对温度的要求，且混合料不离析。

7.2.6 拌合机应配备计算机控制系统。生产过程中应逐盘采集材料用量和沥青混合料拌合量、拌合温度等各种参数指导生产。拌合料入机称量偏差，不得超过表 7.2.6 规定。

表 7.2.6 拌合料入机称量的允许偏差

材料名称	矿 料						沥青用量（油石比）	
	0.075mm		≤2.36mm		≥4.75mm			
道路等级	城市快速路、主干路	次干路、二级公路及以下道路	城市快速路、主干路	次干路、二级公路及以下道路	城市快速路、主干路	次干路、二级公路及以下道路	城市快速路、主干路	次干路、二级公路及以下道路
允许偏差	±2%	±2%	±5%（±3%）	±6%	±6%（±4%）	±7%	±0.3%	±0.4%

注：本表部分引自《公路沥青路面施工技术规范》JTG F40—2004 表 11.4.4。

7.2.7 沥青混合料拌合时间应经试拌确定，以沥青均匀裹覆集料为度。间歇式拌合机每盘的拌合周期不宜少于 45s，其中干拌时间不少于 5~10s。改性沥青和 SMA 混合料的拌合时间应适当延长。

7.2.8 用成品仓贮存沥青混合料，贮存期混合料降温不得大于 10℃。贮存时间普通沥青混合料不得超过 72h；改性沥青混合料不得超过 24h；SMA 混合料限当日使用；OGFC 应随拌随用。

7.2.9 生产添加纤维的沥青混合料时，拌合机应配备同步添加投料装置，拌合时间宜延长5s以上。

7.2.10 沥青混合料出厂时，应逐车检测沥青混合料的质量和温度，并附带载有出厂时间的运料单。不合格品不得出厂。

7.2.11 热拌沥青混合料的运输应遵守下列规定：
  1 热拌沥青混合料宜采用与摊铺机匹配的自卸汽车运输。
  2 运料车装料时，应防止粗细集料离析。
  3 运料车应具有保温、防雨、防混合料遗撒与沥青滴漏等功能。
  4 沥青混合料运输车辆的总运力应比拌合能力或摊铺能力有所富余。
  5 沥青混合料运至摊铺地点，应对拌合质量与温度进行检查。合格后方可使用。

7.2.12 热拌沥青混合料铺筑前，应复核基层和附属构筑物高程，确认符合要求，并对施工机具设备进行检查，确认处于良好状态。

7.2.13 沥青混合料面层的基层表面应喷洒透层油，在透层油完全渗透入基层后方可铺筑面层。

7.2.14 热拌沥青混合料的摊铺应遵守下列规定：
  1 热拌沥青混合料应采用机械摊铺。摊铺温度应符合表7.2.3-2的有关规定。城市快速路、主干路宜采用两台以上摊铺机联合摊铺。每台机器的摊铺宽度宜小于6m。表面层宜采用多机全幅摊铺，减少施工接缝。各摊铺机前后之间应保持10～20m间距。
  2 摊铺机应具有自动或半自动方式调节摊铺厚度及找平的装置、可加热的振动熨平板或初步振动压实装置、摊铺宽度可调整等功能，且受料斗斗容能保证更换运料车时连续摊铺。
  3 采用自动调平摊铺机摊铺最下层沥青混合料时，应使用钢丝或路缘石、平石控制高程与摊铺厚度，其他各层可用导梁引导高程控制，或采用声纳平衡梁控制方式。经摊铺机初步压实的摊铺层应符合平整度、横坡的要求。
  4 沥青混合料的最低摊铺温度应根据气温、下卧层表面温度、摊铺层厚度与沥青混合料种类经试验确定。城市快速路、主干路不宜在气温低于10℃条件下施工。普通沥青混合料不宜在下卧层表面温度低于5℃条件下施工。
  5 沥青混合料的松铺系数应根据混合料类型、施工机械和施工工艺等应通过试验段确定，试验段长一般不小于100m。松铺系数可参照表7.2.14进行初选。

表7.2.14 沥青混合料的松铺系数

种　　类	机　械　摊　铺	人　工　摊　铺
沥青混凝土混合料	1.15～1.35	1.25～1.50
沥青碎石混合料	1.15～1.30	1.20～1.45

注：本表引自《城镇道路工程施工与质量验收规范》CJJ 1—2008 表8.2.14。

  6 摊铺沥青混合料应均匀、连续不间断，不得随意变换摊铺速度或中途停顿。摊铺速度一般为2～6m/min。摊铺时螺旋送料器应不停顿地转动，两侧应保持有不少于送料器高度2/3的混合料，并保证在摊铺机全宽度断面上不发生离析。熨平板按所需厚度固定后不得随意调整。

7 改性沥青混合料应采用带振动熨平板的摊铺机摊铺,摊铺速度宜为1~3m/min。

8 摊铺中,摊铺层发生缺陷应找补,并停机检查,排除故障。

9 路面狭窄部分、平曲线半径过小的匝道等小规模工程可采用人工摊铺。

7.2.15 热拌沥青混合料的压实应遵守下列规定:

1 应选择合理的压路机组合方式及碾压步骤,以达到最佳碾压效果。沥青混合料压实宜采用钢筒式静态压路机与轮胎压路机或振动压路机组合的方式压实。

2 当采用人工摊铺或机械摊铺中未采用振动熨平时,压实应按初压、复压、终压(包括成形)三个阶段进行。压路机应以慢而均匀的速度碾压,压路机的碾压速度宜符合表7.2.15的规定。当摊铺机摊铺过程采用振动熨平时,可免去初压。

表7.2.15 压路机碾压速度(km/h)

压路机类型	初压		复压		终压	
	适宜	最大	适宜	最大	适宜	最大
钢筒式压路机	1.5~2	3	2.5~3.5	5	2.5~3.5	5
轮胎压路机	—	—	3.5~4.5	6	4~6	8
振动压路机	1.5~2（静压）	5（静压）	1.5~2（振动）	1.5~2（振动）	2~3（静压）	5（静压）

注:本表引自《城镇道路工程施工与质量验收规范》CJJ 1—2008 表8.2.15。

3 初压应符合下列要求:

1)初压温度应符合表7.2.3-2的有关规定,以能稳定混合料,且不产生推移、发裂为度。

2)碾压应从外侧向中心碾压,碾速稳定均匀。

3)初压应采用6~8t轻型钢筒式压路机碾压1~2遍。初压后应检查平整度、路拱,必要时应修整。

4 复压应紧跟初压连续进行,并应符合下列要求:

1)复压应连续进行。碾压段长度宜为60~80m。采用不同型号的压路机组合碾压时,每一台压路机均应做全幅碾压。

2)密级配沥青混凝土宜优先采用重型的轮胎压路机进行碾压,碾压到要求的压实度为止。

3)对大粒径沥青稳定碎石类的基层,宜优先采用振动压路机复压。厚度小于30mm的沥青碎石基层不宜采用振动压路机碾压。相邻碾压带重叠宽度宜为100~200mm。振动压路机折返时应先停止振动。

4)采用三轮钢筒式压路机时,总质量不宜小于12t。

5)大型压路机难于碾压的部位,宜采用小型压实工具进行压实。

5 终压温度应符合表7.2.3-2的有关规定。终压宜选用双轮钢筒式压路机,碾压至无明显轮迹为止。

7.2.16 改性沥青与SMA混合料的压实应遵守下列规定:

1 SMA混合料宜采用振动压路机或钢筒式压路机碾压。振动压路机应遵循"紧跟、慢压、高频、低幅"的原则。

2　SMA混合料不宜采用轮胎压路机碾压。
　　3　OGFC混合料宜用12t以上的钢筒式压路机碾压。

7.2.17　碾压过程中碾压轮应保持清洁，可对钢轮涂刷隔离剂或防粘剂，严禁刷柴油。当采用向碾压轮喷水（可添加少量表面活性剂）的方式时，必须严格控制喷水量应成雾状，不得漫流。

7.2.18　压路机不得在未碾压成形路段上转向、调头、加水或停留。在当天成形的路面上，不得停放各种机械设备或车辆，不得散落矿料、油料等杂物。

7.2.19　接缝（茬）应遵守下列规定：
　　1　沥青混合料面层的施工接缝应紧密、平顺。
　　2　上、下层的纵向热接缝应错开150mm；冷接缝应错开300～400mm。相邻两幅及上、下层的横向接缝均应错开1m以上。
　　3　表面层接缝应采用直茬，其他各层可采用斜接茬，层较厚时也可做阶梯形接茬。
　　4　冷接茬，施作前，应对茬面涂少量沥青并预热。

7.2.20　沥青混合料面层压实度应符合规定，外观质量应密实、平整、粗糙，接缝平顺。

7.2.21　热拌沥青混合料路面应待摊铺层自然降温至表面温度低于50℃后，方可开放交通。

7.2.22　沥青混合料面层完成后应加强保护，控制交通，不得在面层上堆土或拌制砂浆、水泥混凝土等。

7.3　冷拌沥青混合料面层

7.3.1　冷拌沥青混合料适用于支路及其以下道路的面层、支路的表面层，以及各级道路沥青路面的基层、连接层或整平层。冷拌改性沥青混合料可用于沥青路面的坑槽冷补。

7.3.2　冷拌沥青混合料宜采用乳化沥青或液体沥青拌制，也可采用改性乳化沥青。各原材料类型及规格应符合第7.1节的有关规定。

7.3.3　冷拌沥青混合料宜采用密级配，当采用半开级配的冷拌沥青碎石混合料面层时，应铺筑上封层。

7.3.4　冷拌沥青混合料宜采用厂拌，机械摊铺时，应采取防止混合料离析措施。

7.3.5　当采用阳离子乳化沥青拌合时，宜先用水湿润集料，若湿润后仍难与乳液拌合均匀时，应改用破乳速度更慢的乳液或用1%～3%的氯化钙水溶液代替水湿润集料表面。

7.3.6　混合料的拌合时间应通过试拌确定。机械拌合时间不宜超过30s，人工拌合时间不宜超过60s。

7.3.7　已拌好的混合料应立即运至现场摊铺，并在乳液破乳前结束。在拌合与摊铺过程中已破乳的混合料，应予废弃。

7.3.8　冷拌沥青混合料摊铺后宜采用6t压路机初压至初步稳定，再用中型压路机碾压。当乳化沥青开始破乳，混合料由褐色转变成黑色时，改用12～15t轮胎压路机复压，将水分挤出后暂停碾压，待水分基本蒸发后继续碾压至轮迹小于5mm，表面平整，压实度符合要求为止。

7.3.9 冷拌沥青混合料面层的上封层应在混合料压实成型,且水分完全蒸发后施工。

7.3.10 冷拌沥青混合料面层施工结束后宜封闭交通2~6h,并做好早期养护。开放交通初期车速不得超过20km/h,不得在其上刹车或掉头。

7.4 透层、粘层、封层

7.4.1 透层施工应遵守下列规定:

1 施工中应根据基层类型选择渗透性好的液体沥青、乳化沥青做透层油。透层油的规格和用量应符合表7.4.1的规定。

表7.4.1 沥青路面透层材料的规格和用量

用 途	液 体 沥 青		乳 化 沥 青	
	规 格	用量(L/m²)	规 格	用量(L/m²)
无结合料粒料基层	AL(M)-1、2或3 AL(S)-1、2或3	1.0~2.3	PC-2 PA-2	1.0~2.0
半刚性基层	AL(M)-1或2 AL(S)-1或2	0.6~1.5	PC-2 PA-2	0.7~1.5

注:① 用量是指包括稀释剂和水分等在内的液体沥青、乳化沥青的总量,乳化沥青中的残留物含量是以50%为基准。
② 本表引自《城镇道路工程施工与质量验收规范》CJJ 1—2008 表8.4.1。

2 用作透层油的基质沥青的针入度通常不宜小于100。液体沥青的黏度应通过调节稀释剂的品种和掺量经试验确定。

3 透层油的用量与渗透深度宜通过试洒确定,不宜超出表7.4.1的规定。

4 用于石灰稳定土类或水泥稳定土类基层的透层油宜紧接在基层碾压成形后表面稍变干燥,但尚未硬化的情况下喷洒,且宜在透层油撒布后1~2d铺筑沥青混合料。洒布透层油后,应封闭各种交通。

5 透层油宜采用沥青洒布车或手动沥青洒布机喷洒。洒布设备喷嘴应与透层沥青匹配,喷洒应呈雾状,洒布管高度应使同一地点接受2~3个喷油嘴喷洒的沥青。不得出现花白。

6 透层油应洒布均匀,不得喷洒过量,有花白、遗漏应人工补洒,喷洒过量的应立即撒布石屑或砂吸油,必要时作适当碾压。

7 透层油洒布后的养护时间应根据透层油的品种和气候条件由试验确定。液体沥青中的稀释剂全部挥发或乳化沥青水分蒸发后,应及时铺筑沥青混合料面层。

7.4.2 粘层施工应遵守下列规定:

1 当在双层式或多层式热拌热铺沥青混合料面层施工中,下承层表面受污染,或上下层铺筑间隔期较长,或在水泥混凝土路面、沥青稳定碎石基层、旧沥青路面层上加铺沥青混合料层时,应在下承层上洒粘层油。沥青混合料铺筑层与检查井等构筑物间的连接面喷洒粘层油。

2 粘层油宜采用快裂或中裂乳化沥青、改性乳化沥青,也可采用快、中凝液体石油沥青,其规格和用量应符合表7.4.2的规定。所使用的基质沥青标号宜与主层沥青混合料相同。

表7.4.2 沥青路面粘层材料的规格和用量

下卧层类型	液体沥青		乳化沥青	
	规格	用量（L/m²）	规格	用量（L/m²）
新建沥青层或旧沥青路面	AL(R)-3～AL(R)-6 AL(M)-3～AL(M)-6	0.3～0.5	PC-3 PA-3	0.3～0.6
水泥混凝土	AL(M)-3～AL(M)-6 AL(S)-3～AL(S)-6	0.2～0.4	PC-3 PA-3	0.3～0.5

注：① 表中用量是指包括稀释剂和水分等在内的液体沥青、乳化沥青的总量，乳化沥青中的残留物含量是以50%为基准。
② 本表引自《城镇道路工程施工与质量验收规范》CJJ 1—2008 表8.4.2。

3 粘层油品种和用量应根据下卧层的类型通过试洒确定，并应符合表7.4.2的规定。当粘层油上铺筑薄层大孔隙排水路面时，粘层油的用量宜增加到0.6～1.0L/m²。兼作封层的粘层油宜采用改性沥青或改性乳化沥青，其用量不宜少于1.0L/m²。

4 粘层油宜在摊铺面层当天洒布。

5 粘层油喷洒应符合本节第7.4.1条有关规定。

7.4.3 封层施工应遵守下列规定：

1 封层油宜采用改性沥青或改性乳化沥青。集料应质地坚硬、耐磨、洁净，粒径级配符合要求。

2 用于稀浆封层的混合料其配比应经设计、试验，符合要求后方可使用。

3 下封层宜采用层铺法表面处治或稀浆封层法施工。沥青（乳化沥青）和集料用量应根据配合比设计确定。

4 沥青应撒布均匀、不露白，封层应不透水。

7.4.4 气温低于10℃（含），风力大于5级（含）以上时，不得喷洒透层、粘层、封层油。

8 沥青贯入式与沥青表面处治面层

8.1 一般规定

8.1.1 沥青贯入式与沥青表面处治面层，宜在干燥和较热的季节施工，并宜在日最高温度低于15℃到来以前半个月结束。

8.1.2 施工前应将基层清扫干净，并对路缘石、检查井等采取防止喷洒沥青污染的措施。

8.1.3 各工序应紧密衔接，当日的作业段宜当日完成。

8.1.4 施工中各层集料必须保持干燥、洁净，喷洒沥青宜在3级（含）风以下进行。

8.1.5 沥青贯入式面层与表面处治面层碾压定形后，应通过有序开放交通，并控制车速碾压成型。开放交通后发现泛油时，应撒嵌缝料处理。

8.2 沥青贯入式面层

8.2.1 沥青贯入式面层宜作城市次干路以下道路面层使用，其厚度不宜超过100mm。乳化沥青贯入式面层厚度不宜超过50mm。

8.2.2 设有路缘石道路的沥青贯入式面层施工，应在路缘石完成安装后进行。

8.2.3 沥青贯入式面层的原材料应符合下列规定：

1 沥青材料宜选道路用B级沥青或由其配制的快裂喷洒型阳离子乳化沥青（PC—1）或阴离子乳化沥青（PA—1）。

2 集料应选择有棱角，嵌挤性好的坚硬石料，当使用破碎砾石时，具有一个破碎面的颗粒应大于80%；两个或两个以上破碎面应大于60%。主集料的最大粒径应与结构层厚相匹配。集料最大粒径宜为结构层厚的0.8~0.85倍。

8.2.4 沥青贯入式面层应按贯入深度并据实践经验与试验，选择主层及其他各层的集料粒径与沥青用量宜参见表8.2.4有关规定，并通过试验确定。主层集料中大于颗粒范围中值的不得小于50%。

8.2.5 主层粒料的摊铺与碾压应符合本规程第6.7.2、6.7.3条有关规定。

8.2.6 各层沥青的洒布应符合本规程第7.4.1条有关规定。

8.2.7 沥青或乳化沥青的浇洒温度应根据沥青标号及气温情况选择。每层沥青完成浇洒后，应立即撒布相应的嵌缝料，嵌缝料应撒布均匀。采用乳化沥青时，应在碾压稳定后的主集料上先撒布一部分嵌缝料，当需要加快破乳速度时，可将乳液加温，但乳液温度不得超过60℃。使用乳化沥青时，嵌缝料撒布应在乳液破乳前完成。

8.2.8 嵌缝料撒布后应立即用8~12t钢筒式压路机碾压，碾压时应随压随扫，使嵌缝料均匀嵌入，至压实密度符合质量要求为止。施工期间严禁车辆通行。

表8.2.4 沥青贯入式面层材料规格和用量

（用量单位：集料，m³/1000m²；沥青及乳化沥青，kg/m²）

沥青品种	石油沥青										乳化沥青			
厚度(cm)	4		5		6		7		8		4		5	
规格和用量	规格	用量	规格	用量	规格	用量	规格	用量	规格	用量	规格	用量	规格	用量
封层料	S14	3~5	S14	3~5	S13(S14)	4~6	S13(14)	4~6	S13(S14)	4~6	S13(S14)	4~6	S14	4~6
第五遍沥青												0.8~1.0		
第四遍嵌缝料											S14	5~6	S14	5~6
第四遍沥青												1.4~1.6		1.2~1.4
第三遍嵌缝料											S12	7~8	S12	7~9
第三遍沥青		1.0~1.2		1.0~1.2		1.0~1.2		1.0~1.2		1.0~1.2		1.6~1.8		1.5~1.7
第二遍嵌缝料	S12	6~7	S11(S10)	10~12	S11(S10)	10~12	S10(S11)	11~13	S10(S11)	11~13	S9	12~14	S10	9~11
第二遍沥青		1.6~1.8		1.8~2.0		2.0~2.2		2.4~2.6		2.6~2.8		2.2~2.4		1.6~1.8
第一遍嵌缝料	S10(S9)	12~14	S8	12~14	S8(S6)	16~18	S6(S8)	18~20	S6(S8)	20~22	S5	40~50	S8	10~12
第一遍沥青		1.8~2.1		1.6~1.8		2.8~3.0		3.3~3.5		4.0~4.2				2.6~2.8
主层石料	S5	45~50	S4	55~60	S3(S4)	66~76	S2	80~90	S1(S2)	95~100			S4	50~55
沥青总用量		4.4~5.1		5.2~5.8		5.8~6.4		6.7~7.3		7.6~8.2		6.0~6.8		7.4~8.5

注：
① 乳化沥青用量是指乳液的用量，并适用于乳液浓度约为60%的情况，如果浓度不同，用量应予换算。
② 在高寒地区及干旱风沙大的地区，可超出高限，再增加5%~10%。
③ 本表引自《城镇道路工程施工与质量验收规范》CJJ 1—2008 表9.2.4。

8.2.9 终碾后即可开放交通，且应设专人指挥交通，以使面层全部宽度均匀压实。面层完全成形前，车速度不得超过 20km/h。

8.2.10 沥青贯入式面层应进行初期养护。泛油时应及时撒布石屑或粗砂进行处理。

8.2.11 沥青贯入式结构作道路基层或联结层时，可不撒表面封层料。

8.3 沥青表面处治面层

8.3.1 沥青表面处治面层使用的道路石油沥青、乳化沥青的种类、标号和集料的质量规格应符合设计及本规程第 7 章有关规定，适应当地环境条件。

8.3.2 沥青表面处治的集料最大粒径应与处治层的厚度相等。

8.3.3 沥青表面处治面层的材料规格和用量宜符合表 8.3.3 规定。

表 8.3.3 沥青表面处治材料规格和用量

材料用量			石 油 沥 青					乳 化 沥 青					
			第一层		第二层		第三层		第一层		第二层		第三层	
			规格	用量	规格	用量	规格	用量	规格	用量	规格	用量	规格	用量
厚度 (mm)	单层式	5	—	—	—	—	—	—	▲S_{14}	0.9~1.0 7~9	—	—	—	—
		10	●S_{12}	1.0~1.2 7~9	—	—	—	—						
		15	●S_{10}	1.4~1.6 12~14	—	—	—	—						
	双层式	10	—	—	—	—	—	—	▲S_{10}	1.8~2.0 9~11	▲S_{14}	1.0~1.2 4~6		
		15	●S_{10}	1.4~1.6 12~14	●S_{12}	1.0~1.2 7~8	—	—						
		20	●S_9	1.6~1.8 16~18	●S_{12}	1.2~1.4 7~8	—	—						
		30	●S_8	1.8~2.0 18~20	●S_{12}	1.2~1.4 7~8	—	—						
	三层式	25	●S_8	1.6~1.8 18~20	●S_{10}	1.2~1.4 12~14	●S_{12}	1.0~1.2 7~8						
		30	●S_6	1.8~2.0 20~22	●S_{10}	1.2~1.4 12~14	●S_{10}	1.0~1.2 7~8	▲S_6	2.0~2.2 20~22	▲S_{10}	1.2~2.0 9~11	▲S_{12} S_{14}	1.0~1.2 4~6 3.5~4.5

注：① 乳化沥青用量按乳化沥青的蒸发残留物含量 60% 计算，如沥青含量不同应予以折算。
② 在高寒地区及干旱风沙大的地区，可超出高限 5%~10%。
③ ● 代表沥青，▲ 代表乳化沥青，用量单位为 kg/m²。
④ S_n 代表级配集料规格，用量单位为 m³/1000m²。
⑤ 本表引自《城镇道路工程施工与质量验收规范》CJJ 1—2008 表 9.3.3。

8.3.4 在清扫干净的碎（砾）石路面上铺筑沥青表面处治面层时，应喷洒透层油。在旧沥青路面、水泥混凝土路面、块石路面上铺筑沥青表面处治面层时，可在第一层沥青用量中增加 10%~20%，不再另洒透层油或粘层油。

8.3.5 施工沥青表面处治面层，宜用沥青洒布车及集料撒布机联合作业。喷洒沥青，应保持稳定速度、喷洒量和喷洒宽度，喷洒应均匀。

8.3.6 沥青表面处治施工应各工序紧密衔接，喷洒各层沥青后均应立即用集料撒布机撒布相应的集料。每个作业段长度应根据施工能力确定，并应在当天完成。人工撒布集料时，应等距离划分段落备料。

8.3.7 沥青表面处治面层的沥青喷洒温度应根据气温及沥青标号选择，石油沥青宜为130℃~170℃，乳化沥青乳液温度不宜超过60℃。洒布车喷洒沥青纵向搭接宽度宜为100~150mm，喷洒各层沥青的搭接缝应错开。

8.3.8 摊铺与碾压应符合本规程第6.7.2、6.7.3条有关规定。嵌缝料应用轻、中型压路机边碾压、边扫墁，集料不足时应及时补撒。

8.3.9 沥青表面处治在碾压结束后开放交通，初期管理与养护应符合本规程第8.2节的有关规定。

8.3.10 沥青表面处治施工后，初期养护用料为 $S_{12}(5~10mm)$ 碎石或 $S_{14}(3~5mm)$ 石屑、粗砂或小砾石，用量约 $2~3m^3/1000m^2$。

9 水泥混凝土面层

9.1 原 材 料

9.1.1 水泥应符合下列规定：

1 重交通以上等级道路、城市快速路、主干路和高速公路、一级公路应采用道路硅酸盐水泥或硅酸盐水泥、普通硅酸盐水泥；中轻交通等级的道路可采用矿渣水泥。

2 水泥应有出厂合格证（含化学成分、物理指标），并经抽样检验复验合格，方可使用。

3 不同等级、厂牌、品种、出厂日期的水泥不得混存、混用。出厂期超过三个月或受潮的水泥，必须经过试验，其结果符合本条第 1 款要求，方可使用。

4 用于不同交通等级道路面层水泥的弯拉强度、抗压强度应符合表 9.1.1-1 规定。

表 9.1.1-1 道路面层水泥的弯拉强度、抗压强度最小值

道路等级	特重交通		重交通		中、轻交通	
龄期（d）	3	28	3	28	3	28
抗压强度（MPa）	25.5	57.5	22.0	52.5	16.0	42.5
弯拉强度（MPa）	4.5	7.5	4.0	7.0	3.5	6.5

注：本表引自《城镇道路工程施工与质量验收规范》CJJ 1—2008 表 10.1.1-1。

5 水泥的化学成分、物理指标应符合表 9.1.1-2 规定。

表 9.1.1-2 各交通等级路面用水泥的化学成分和物理指标

交通等级 水泥性能	特重、重交通	中、轻交通
铝酸三钙	不宜大于 7.0%	不宜大于 9.0%
铁铝酸三钙	不宜小于 15.0%	不宜小于 12.0%
游离氧化钙	不得大于 1.0%	不得大于 1.5%
氧化镁	不得大于 5.0%	不得大于 6.0%
三氧化硫	不得大于 3.5%	不得大于 4.0%
碱含量 ($Na_2O + 0.658K_2O$)	≤0.6%	怀疑有碱活性集料时，≤0.6%； 无碱活性集料时，≤1.0%
混合材种类	不得掺窑灰、煤矸石、火山灰和黏土，有抗盐冻要求时不得掺石灰、石粉	
出磨时安定性	雷氏夹或蒸煮法检验必须合格	蒸煮法检验必须合格
标准稠度需水量	不宜大于 28%	不宜大于 30%
烧失量	不得大于 3.0%	不得大于 5.0%
比表面积	宜在 300~450m²/kg	

续表

交通等级 水泥性能	特重、重交通	中、轻交通
细度（80μm）	筛余量≤10%	
初凝时间	≥1.5h	
终凝时间	≤10h	
28d 干缩率*	不得大于 0.09%	不得大于 0.10%
耐磨性*	≤3.6kg/m²	

注：① *示 28d 干缩率和耐磨性试验方法采用现行《道路硅酸盐水泥》GB 13693 标准。
② 本表引自《城镇道路工程施工与质量验收规范》CJJ 1—2008 表 10.1.1-2。

9.1.2 粗集料应符合下列规定：

1 粗集料应采用质地坚硬、耐久、洁净的碎石、砾石、破碎砾石，并应符合表 9.1.2-1 的规定。

表 9.1.2-1 粗集料技术指标

项 目	技 术 要 求	
	Ⅰ 级	Ⅱ 级
碎石压碎指标（%）	<10	<15
砾石压碎指标（%）	<12	<14
坚固性（按质量损失计%）	<5	<8
针片状颗粒含量（按质量计%）	<5	<15
含泥量（按质量计%）	<0.5	<1.0
泥块含量（按质量计%）	<0	<0.2
有机物含量（比色法）	合格	合格
硫化物及硫酸盐（按 SO_3 质量计%）	<0.5	<1.0
空隙率	<47%	
碱集料反应	经碱集料反应试验后无裂缝、酥缝、胶体外溢等现象，在规定试验龄期的膨胀率小于 0.10%	
抗压强度（MPa）	火成岩≥100，变质岩≥80，水成岩≥60	

注：本表引自《城镇道路工程施工与质量验收规范》CJJ 1—2008 表 10.1.2-1。

2 粗集料，宜使用人工级配。其级配范围宜符合表 9.1.2-2 规定。

表 9.1.2-2 人工合成级配范围

粒径 级配	方 筛 孔 尺 寸（mm）							
	2.36	4.75	9.50	16.0	19.0	26.5	31.5	37.5
	累计筛余（以质量计）（%）							
4.75~16	95~100	85~100	40~60	0~10				
4.75~19	95~100	85~95	60~75	30~45	0~5	0		
4.75~26.5	95~100	90~100	70~90	50~70	25~40	0~5	0	
4.75~31.5	95~100	90~100	75~90	60~75	40~60	20~35	0~5	0

注：本表引自《城镇道路工程施工与质量验收规范》CJJ 1—2008 表 10.1.2-2。

3 粗集料的最大公称粒径，碎砾石不得大于 26.5mm，碎石不得大于 31.5mm，砾石不宜大于 19.0mm；钢纤维混凝土粗集料最大粒径不宜大于 19.0mm。

9.1.3 细集料应符合下列规定：

1 宜采用质地坚硬，细度模数在 2.5 以上，符合级配规定的洁净粗砂、中砂。

2 砂的技术要求应符合表 9.1.3 的规定。

表 9.1.3 砂的技术指标

项目			技术要求					
颗粒级配	筛孔尺寸（mm）		粒径					
			0.15	0.30	0.60	1.18	2.36	4.75
	累计筛余量（%）	粗砂	90~100	80~95	71~85	35~65	5~35	0~10
		中砂	90~100	70~92	41~70	10~50	0~25	0~10
		细砂	90~100	55~85	16~40	10~25	0~15	0~10
泥土杂物含量（冲洗法）(%)			Ⅰ级		Ⅱ级		Ⅲ级	
			<1		<2		<3	
硫化物和硫酸盐含量（折算为 SO_3）(%)			<0.5					
氯化物（氯离子质量计）			≤0.01		≤0.02		≤0.06	
有机物含量（比色法）			颜色不应深于标准溶液的颜色					
其他杂物			不得混有石灰、煤渣、草根等其他杂物					

注：① Ⅲ级天然砂用于水泥混凝土路面层时，含泥量应 <3%；用作贫混凝土基层时，可 <5%。
② 本表引自《城镇道路工程施工与质量验收规范》CJJ 1—2008 表 10.1.3。

3 使用机制砂时，除满足表 9.1.3 规定外，还应检验砂磨光值，其值宜大于 35，不宜使用抗磨性较差的水成岩类机制砂。

4 城市快速路、主干路和高速公路、一级公路宜用一级、二级砂。

9.1.4 水应符合本规程第 6.2.1 条第 3 款规定。

9.1.5 外加剂应符合下列规定：

1 外加剂应使用无氯盐类的防冻剂、引气剂、减水剂等。

2 外加剂应符合国家现行《混凝土外加剂》GB 8076 的有关规定，并有合格证。

3 使用外加剂应经掺配试验，确认符合国家现行《混凝土外加剂应用技术规范》GB 50119 的有关规定，方可使用。

9.1.6 钢筋应符合企业规程《混凝土结构施工技术规程》的有关规定。

9.1.7 用于混凝土路面的钢纤维应符合下列规定：

1 单丝钢纤维抗拉强度不宜小于 600MPa。

2 钢纤维长度应与混凝土粗集料最大公称粒径相匹配，最短长度宜大于粗集料最大公称粒径的 1/3；最大长度不宜大于粗集料最大公称粒径的 2 倍，钢纤维长度与标称值的偏差不得超过 ±10%。

3 宜使用无尖刺、经防蚀处理的钢纤维，严禁使用带尖刺的钢纤维。

4 尚应符合现行《混凝土用钢纤维》YB/T 151 的有关要求。

9.1.8 传力杆（拉杆）、滑动套材质、规格应符合规定。可用硬塑料管、镀锌薄钢板管等制作滑动套。

9.1.9 胀缝板宜用厚 20mm、水稳定性好、具有一定柔性的板材制作，且经防腐处理。

9.1.10 填缝材料宜用树脂类、橡胶类、聚氯乙烯胶泥类、改性沥青类填缝材料，并宜加入耐老化剂。

9.2 混凝土配合比设计

9.2.1 混凝土面层的配合比应满足弯拉强度、工作性、耐久性三项技术要求。

9.2.2 混凝土配合比设计应遵守下列规定：

1 混凝土弯拉强度应符合下列要求：

1) 各交通等级路面板的设计 28d 弯拉强度标准值 f_r 应符合表 9.2.2-1 的规定。

表 9.2.2-1 混凝土弯拉强度标准值

交通等级	特重	重	中等	轻
弯拉强度标准值（MPa）	5.0	5.0	4.5	4.0

注：本表引自《城镇道路工程施工与质量验收规范》CJJ 1—2008 表 10.2.2-1。

2) 应按公式（9.2.2-1）计算配制 28d 弯拉强度的均值。

$$f_c = \frac{f_r}{1 - 1.04 c_v} + t \times s \qquad (9.2.2\text{-}1)$$

式中 f_c——配制 28d 弯拉强度的均值（MPa）；

f_r——设计弯拉强度标准值（MPa）；

s——弯拉强度试验样本的标准差（MPa）；

t——保证率系数，应按表 9.2.2-2 确定；

c_v——弯拉强度变异系数，应按统计数据在表 9.2.2-3 的规定范围内取值；在无统计数据时，弯拉强度变异系数应按设计取值；如果施工配制弯拉强度超出设计给定的弯拉强度变异系数上限，则必须改进机械装备和提高施工控制水平。

表 9.2.2-2 保证率系数 t

道路技术等级	判别概率 p	样本数 n（组）				
		3	6	9	15	20
城市快速路	0.05	1.36	0.79	0.61	0.45	0.39
主干路	0.10	0.95	0.59	0.46	0.35	0.30
次干路	0.15	0.72	0.46	0.37	0.28	0.24
其他	0.20	0.56	0.37	0.29	0.22	0.19

注：本表引自《城镇道路工程施工与质量验收规范》CJJ 1—2008 表 10.2.2-2。

表 9.2.2-3 各级道路混凝土路面弯拉强度变异系数

道路技术等级	城市快速路	主干路		次干路		其他路
混凝土弯拉强度变异水平等级	低	低	中	中	中	高
弯拉强度变异系数 c_v 允许变化范围	0.05～0.10	0.05～0.10	0.10～0.15	0.10～0.15	0.10～0.15	0.15～0.20

注：本表引自《城镇道路工程施工与质量验收规范》CJJ 1—2008 表 10.2.2-3。

2 不同摊铺方式混凝土最佳工作性范围及最大用水量应符合表9.2.2-4的规定。

表 9.2.2-4　不同摊铺方式混凝土工作性及用水量要求

混凝土类型	项　　目	摊　铺　方　式			
		滑模摊铺机	轨道摊铺机	三轴机组摊铺机	小型机具摊铺
砾石混凝土	出机坍落度（mm）	20~40①	40~60	30~50	10~40
	摊铺坍落度（mm）	5~55②	20~40	10~30	0~20
	最大用水量（kg/m³）	155	153	148	145
碎石混凝土	出机坍落度（mm）	25~50①	40~60	30~50	10~40
	摊铺坍落度（mm）	10~65②	20~40	10~30	0~20
	最大用水量（kg/m³）	160	156	153	150

注：① 为设超铺角的摊铺机。不设超铺角的摊铺机最佳坍落度砾石为 10~40mm，碎石为 10~30mm。
　　② 为最佳工作性允许波动范围。
　　③ 本表引自《城镇道路工程施工与质量验收规范》CJJ 1—2008　表 10.2.2-4。

3 混凝土耐久性应符合下列要求：

1）混凝土含气量宜符合表 9.2.2-5 的规定。

表 9.2.2-5　路面混凝土含气量及允许偏差（%）

最大粒径（mm）	无抗冻性要求	有抗冻性要求	有抗盐冻要求
19.0	4.0±1.0	5.0±0.5	6.0±0.5
26.5	3.5±1.0	4.5±0.5	5.5±0.5
31.5	3.5±1.0	4.0±0.5	5.0±0.5

注：本表引自《城镇道路工程施工与质量验收规范》CJJ 1—2008　表 10.2.2-5。

2）混凝土最大水灰比和最小单位水泥用量宜符合表 9.2.2-6 的规定。最大单位水泥用量不宜大于 400kg/m³。

表 9.2.2-6　路面混凝土的最大水灰比和最小单位水泥用量

道　路　等　级		城市快速路、主干路	次　干　路	其　他　道　路
最大水灰比		0.44	0.46	0.48
抗冰冻要求最大水灰比		0.42	0.44	0.46
抗盐冻要求最大水灰比		0.40	0.42	0.44
最小单位水泥用量（kg/m³）	42.5 级水泥	300	300	290
	32.5 级水泥	310	310	305
抗冰（盐）冻时最小单位水泥用量（kg/m³）	42.5 级水泥	320	320	315
	32.5 级水泥	330	330	325

注：① 水灰比计算以砂石料的自然风干状态计（砂含水量≤1.0%；石子含水量≤0.5%）。
　　② 本表引自《城镇道路工程施工与质量验收规范》CJJ 1—2008　表 10.2.2-6。

3）严寒地区路面混凝土抗冻强度等级不宜小于 F250，寒冷地区不宜小于 F200。

4 使用混凝土外加剂应符合下列要求：

1）高温施工时，混凝土拌合物的初凝时间不得小于 3h，低温施工时，终凝时间不得大于 10h。

2）外加剂的掺量应由混凝土试配试验确定。

3）引气剂与减水剂或高效减水剂等外加剂复配在同一水溶液中时，不得发生絮凝现象。

5 配合比参数的计算应符合下列要求:

1)水灰比应按公式9.2.2-2、9.2.2-3计算:

碎石或碎砾石混凝土:

$$\frac{W}{C} = \frac{1.5684}{f_c + 1.0097 - 0.3595f_s} \quad (9.2.2-2)$$

砾石混凝土:

$$\frac{W}{C} = \frac{1.2618}{f_c + 1.5492 - 0.4709f_s} \quad (9.2.2-3)$$

式中 $\frac{W}{C}$ ——水灰比;

f_s ——水泥实测28d弯拉强度(MPa);

f_c ——配制28d弯拉强度的均值(MPa)。

水灰比应在满足弯拉强度计算值和耐久性(表9.2.2-6)两者要求的水灰比中取小值。

2)砂率应根据砂的细度模数和粗集料种类,查表9.2.2-7取值。

表9.2.2-7 砂的细度模数与最优砂率关系

砂细度模数		2.2～2.5	2.5～2.8	2.8～3.1	3.1～3.4	3.4～3.7
砂率 S_P(%)	碎石	30～40	32～36	34～38	36～40	38～42
	砾石	28～32	30～34	32～36	34～38	36～40

注:① 碎砾石可在碎石和砾石之间内插取值。
② 本表引自《城镇道路工程施工与质量验收规范》CJJ 1—2008 表10.2.2-7。

3)根据粗集料种类和表9.2.2-4适宜的坍落度,分别按下列经验公式计算单位用水量(砂石料以自然风干状态计):

不掺外加剂与掺合料的混凝土单位用水量应按公式(9.2.2-4)、式(9.2.2-5)计算。

碎石:
$$W_0 = 104.97 + 0.309S_L + 11.27C/W + 0.61S_P \quad (9.2.2-4)$$

砾石:
$$W_0 = 86.89 + 0.370S_L + 11.24C/W + 1.00S_P \quad (9.2.2-5)$$

式中 W_0 ——不掺外加剂与掺合料的混凝土单位用水量(kg/m³);

S_L ——坍落度(mm);

S_P ——砂率(%);

C/W ——灰水比,水灰比之倒数。

掺外加剂的混凝土单位用水量应按公式(9.2.2-6)计算。

$$W_{0w} = W_0(1 - \beta/100) \quad (9.2.2-6)$$

式中 W_{0w} ——掺外加剂混凝土的单位用水量(kg/m³);

β ——所用外加剂剂量的实测减水率。

单位用水量应取计算值和表9.2.2-4的规定值两者中的小值。

4)单位水泥用量应由公式9.2.2-7计算,并取计算值与表9.2.2-7规定值的大值。

$$C_0 = (C/W)gW_0 \quad (9.2.2-7)$$

式中 C_0 ——单位用水量(kg/m³)。

5)砂石料用量可按密度法或体积法计算。按密度法计算时,混凝土单位质量可取

2400～2450kg/m³；按体积法计算时，应计入设计含气量。

6）重要路面应采用正交试验法进行配合比优选。

6 采用真空脱水工艺时，可采用比经验公式（9.2.2-4）和公式（9.2.2-5）计算值略大的单位用水量，但在真空脱水后，扣除每立方米混凝土实际吸除的水量，剩余单位用水量和剩余水灰比分别不宜超过表9.2.2-4最大单位用水量和表9.2.2-6最大水灰比的规定。

9.2.3 钢纤维混凝土的配合比设计，应遵守下列规定：

1 弯拉强度应符合下列要求：

1）各交通等级道路面板28d设计弯拉强度标准值f_{cf}应符合表9.2.3-1的规定。

表 9.2.3-1　混凝土弯拉强度标准值

交通等级	特重	重	中等	轻
弯拉强度标准值（MPa）	6.0	6.0	5.5	5.0

注：本表引自《城镇道路工程施工与质量验收规范》CJJ 1—2008 表10.2.3-1。

2）配制28d弯拉强度的均值应按式（9.2.2-1）计算，以f_{cf}和f_{rf}代替f_c和f_r。

2 混凝土工作性应符合下列要求：

1）坍落度可比表9.2.2-4的规定值小20mm。

2）掺高效减水剂时的单位用水量可按表9.2.3-2初选，再由拌合物实测坍落度确定。

表 9.2.3-2　钢纤维混凝土单位用水量

拌合物条件	粗集料种类	粗集料最大公称粒径 D_m（mm）	单位用水量（kg/m³）
长径比 $L_f/d_f=50$ $\rho_f=0.6\%$ 坍落度 20mm 中砂，细度模数 2.5 水灰比 0.42～0.50	碎石	9.5～16.0	215
		19.0～26.5	200
	砾石	9.5～16.0	208
		19.0～26.5	190

注：① 钢纤维长径比每增减10，单位用水量相应增减10kg/m³；
② 钢纤维体积率每增减0.5%，单位用水量相应增减8kg/m³；
③ 坍落度为10～50mm变化范围内，相对于坍落度20mm每增减10mm，单位用水量相应增减7kg/m³；
④ 细度模数在2.0～3.5范围内，砂的细度模数每增减0.1，单位用水量相应减增1kg/m³；
⑤ ρ_f为钢纤维掺量体积率（%）；
⑥ 本表引自《城镇道路工程施工与质量验收规范》CJJ 1—2008 表10.2.3-2。

3 混凝土耐久性应符合下列要求：

1）最大水灰比和最小单位水泥用量应符合表9.2.3-3的规定。

表 9.2.3-3　路面钢纤维混凝土的最大水灰比和最小单位水泥用量

道路等级		城市快速路、主干路	次干路及其他道路
最大水灰比		0.47	0.49
抗冰冻要求最大水灰比		0.45	0.46
抗盐冻要求最大水灰比		0.42	0.43
最小单位水泥用量（kg/m³）	42.5级水泥	360	360
	32.5级水泥	370	370
抗冰（盐）冻要求最小单位水泥用量（kg/m³）	42.5级水泥	380	380
	32.5级水泥	390	390

注：本表引自《城镇道路工程施工与质量验收规范》CJJ 1—2008 表10.2.3-3。

2) 严禁采用海水、海砂，不得掺加氯盐及氯盐类早强剂、防冻剂等外加剂。

4 配合比设计步骤应符合下列要求：

1) 计算和确定水灰比应符合下列要求：

——以钢纤维混凝土配制28d弯拉强度f_{cf}替换f_c，按公式（9.2.2-2）或公式（9.2.2-3）计算出基体混凝土的水灰比。

——取钢纤维混凝土基体的水灰比计算值与表9.2.3-3规定值两者中的小值。

2) 钢纤维掺量体积率宜在0.60%～1.00%范围内初选，当板厚折减系数小时，体积率宜取上限；当长径比大时，宜取较小值；有镦端者宜取较小值。

3) 查表9.2.3-3，初选单位用水量W_{0f}。

4) 钢纤维混凝土的单位水泥用量应按公式（9.2.3-1）计算。

$$C_{0f} = (C/W)gW_{0f} \tag{9.2.3-1}$$

式中 C_{0f}——钢纤维混凝土的单位水泥用量（kg/m³）；

W_{0f}——钢纤维混凝土的单位用水量（kg/m³）。

取计算值与表9.2.3-2规定值两者中的大值，但不宜大于500kg/m³。

5) 砂率可按公式（9.2.3-2）计算，也可按表9.2.3-4初选。钢纤维混凝土砂率宜在38%～50%之间。

$$S_{pf} = S_p + 10\rho_f \tag{9.2.3-2}$$

式中 S_{pf}——钢纤维混凝土砂率（%）；

ρ_f——钢纤维掺量体积率（%）。

表9.2.3-4 钢纤维混凝土砂率选用值（%）

拌合物条件	最大公称粒径19mm碎石	最大公称粒径19mm砾石
$L_f/d_f=50$；$\rho_f=1.0\%$；$W/C=0.5$；砂细度模数$M_x=3.0$	45	40
L_f/d_f 增减10	±5	±3
ρ_f 增减0.10%	±2	±2
W/C 增减0.1	±2	±2
砂细度模数M_x 增减0.1	±1	±1

注：本表引自《城镇道路工程施工与质量验收规范》CJJ 1—2008 表10.2.3-4。

6) 砂石料用量可采用密度法或体积法计算。按密度法计算时，钢纤维混凝土单位质量可取2450～2580kg/m³；按体积法计算时，应计入设计含气量。

7) 重要路面应采用正交试验法进行配合比优选。

9.2.4 混凝土配合比确定与调整应遵守下列规定：

1 计算的普通混凝土、钢纤维混凝土配合比，应在实验室内经试配检验抗弯强度、坍落度、含气量等配合比设计的各项指标，并根据结果进行配合比调整。

2 实验室的基准配合比应通过搅拌机实际拌合检验，并经试验段的验证。

3 配合比调整时，水灰比不得增大，单位水泥用量、钢纤维体积率不得减小。

4 施工期间应根据气温和运距等的变化，微调外加剂掺量，微调加水量与砂石料称量。

9.3 施工准备

9.3.1 施工前,应按设计要求划分混凝土板块,板块划分应从路口开始,必须避免出现锐角。曲线段分块,应使横向分块线与该点法线方向一致。直线段分块线应与面层胀、缩缝结合,分块距离宜均匀。分块线距检查井盖的边缘,宜大于1m。

9.3.2 混凝土摊铺前,应完成下列准备工作:
1 混凝土施工配合比已获批准,搅拌站经试运转,确认合格。
2 模板支设完毕,检验合格。
3 混凝土摊铺、养护、成形等机具试运行合格。专用器材已准备就绪。
4 运输与现场浇注通道已修筑,且符合要求。

9.4 模板与钢筋

9.4.1 模板应符合下列规定:
1 模板应与混凝土的摊铺机械相匹配。模板高度应为混凝土板设计厚度。
2 钢模板应直顺、平整,每1m设置1处支撑装置。
3 木模板直线部分板厚不宜小于50mm,每0.8~1m设1处支撑装置;弯道部分板厚宜为15~30mm,每0.5~0.8m设1处支撑装置,模板与混凝土接触面及模板顶面应刨光。
4 模板制作精度应符合质量要求,应按表9.4.1的规定控制加工精度。

表 9.4.1 模板制作允许偏差

检测项目	施工方式		
	三辊轴机组	轨道摊铺机	小型机具
高度(mm)	±1	±1	±2
局部变形(mm)	±2	±2	±3
两垂直边夹角(°)	90±2	90±1	90±3
顶面平整度(mm)	±1	±1	±2
侧面平整度(mm)	±2	±2	±3
纵向直顺度(mm)	±2	±1	±3

注:本表引自《城镇道路工程施工与质量验收规范》CJJ 1—2008 表10.4.1。

9.4.2 模板安装应遵守下列规定:
1 支模前应核对路面标高、面板分块、胀缝和构造物位置。
2 模板应安装稳固、顺直、平整,无扭曲,相邻模板连接应紧密平顺,不得错位。
3 严禁在基层上挖槽嵌入模板。
4 使用轨道摊铺机应采用专用钢制轨模。
5 模板安装完质量应符合设计要求,设计未要求时,应按表9.4.2的规定控制安装偏差。

表 9.4.2 模板安装偏差

检测项目\施工方式	允许偏差 (mm) 三辊轴机组	允许偏差 (mm) 轨道摊铺机	允许偏差 (mm) 小型机具	检验频率 范围	检验频率 点数	检验方法
中线偏位（mm）	≤10	≤5	≤15	100m	2	用经纬仪，钢尺量
宽度（mm）	≤10	≤5	≤15	20m	1	用钢尺量
顶面高程（mm）	±5	±5	±10	20m	1	用水准仪测量
横坡（%）	±0.10	±0.10	±0.20	20m	1	用钢尺量
相邻板高差（mm）	≤1	≤1	≤2	每缝	1	用水平尺、塞尺量
模板接缝宽度（mm）	≤3	≤2	≤3	每缝	1	用钢尺量
侧面垂直度（mm）	≤3	≤2	≤4	20m	1	用水平尺、卡尺量
纵向顺直度（mm）	≤3	≤2	≤4	40m	1	用20m线和钢尺量
顶面平整度（mm）	≤1.5	≤1	≤2	每两缝间	1	用3m直尺、塞尺量

注：本表引自《城镇道路工程施工与质量验收规范》CJJ 1—2008 表10.4.2。

9.4.3 钢筋安装应遵守下列规定：

　　1 钢筋安装前应检查其原材料品种、规格与加工质量，确认符合设计要求。

　　2 钢筋网、角隅钢筋等安装应牢固、位置准确。钢筋安装后应进行隐蔽验收检查，合格后方可进行后续分项工程。

　　3 钢筋骨架加工质量应符合设计要求，设计未作要求时应按表9.4.3-1的规定控制加工偏差。

表 9.4.3-1 钢筋加工允许偏差

序号	项目	焊接钢筋网及骨架允许偏差（mm）	绑扎钢筋网及骨架允许偏差（mm）	检验频率 范围	检验频率 点数	检验方法
1	钢筋网的长度与宽度	±10	±10	每检验批	抽查10%	用钢尺量
2	钢筋网眼尺寸	±10	±20			用钢尺量
3	钢筋骨架宽度及高度	±5	±5			用钢尺量
4	钢筋骨架的长度	±10	±10			用钢尺量

注：本表引自《城镇道路工程施工与质量验收规范》CJJ 1—2008 表10.4.3-1。

　　4 钢筋安装质量应符合设计要求，设计未要求时宜按表9.4.3-2的规定控制安装。

表 9.4.3-2 钢筋安装偏差

序号	项目		允许偏差（mm）	检验频率 范围	检验频率 点数	检验方法
1	受力钢筋	排距	±5	每检验批	抽查10%	用钢尺量
		间距	±10			用钢尺量
2	钢筋弯起点位置		20			用钢尺量
3	箍筋、横向钢筋间距	绑扎钢筋网及钢筋骨架	±20			用钢尺量
		焊接钢筋网及钢筋骨架	±10			用钢尺量

续表

序 号	项 目		允许偏差（mm）	检 验 频 率		检 验 方 法
				范围	点数	
4	钢筋预埋位置	中心线位置	±5	每检验批	抽查10%	用钢尺量
		水平高差	±3			
5	钢筋保护层	距表面	±3			用钢尺量
		距底面	±5			

注：本表引自《城镇道路工程施工与质量验收规范》CJJ 1—2008 表10.4.3-2。

9.4.4 传力杆安装应遵守下列规定：

1 传力杆安装应与钢筋安装配合，安装应位置准确，安装牢固。

2 横缝传力杆安装应符合下列要求：

1）胀缝传力杆应与胀缝板、提缝板同步安装，缝板安装应与道路中线和混凝土板面垂直。

2）胀缝传力杆的一半应涂防粘结涂料（含传力杆卧入缝板部分），外部套以套管，固定于钢筋托架上。传力杆未涂料段应焊接在托架上。

3）缩缝传力杆宜在混凝土浇注前安装，传力杆长度的1/2应涂防粘涂料，传力杆未涂料部分应焊接固定在钢筋托架上。

3 纵缝传力杆宜设置在避开车辆走行线位置，并符合下列要求：

1）可从侧模预留孔中安装传力杆。

2）亦可在拆模后钻孔安装。

3）机械摊铺幅宽大于车道宽时，宜用专用设备插入传力杆。

9.4.5 混凝土抗压强度达8.0MPa方可拆模。当缺乏强度实测数据时，侧模允许最早拆模时间宜符合表9.4.5的规定。

表9.4.5 混凝土侧模的允许最早拆模时间（h）

昼夜平均气温（℃）	-5	0	5	10	15	20	25	≥30
硅酸盐水泥、R型水泥	240	120	60	36	34	28	24	18
道路、普通硅酸盐水泥	360	168	72	48	36	30	24	18
矿渣硅酸盐水泥			120	60	50	45	36	24

注：① 允许最早拆侧模时间从混凝土面板精整成形后开始计算。
② 本表引自《城镇道路工程施工与质量验收规范》CJJ 1—2008 表10.4.4。

9.5 混凝土搅拌与运输

9.5.1 面层用混凝土宜通过比对，优选具备资质、混凝土质量稳定的集中搅拌站供应。

9.5.2 现场自行设立搅拌站应遵守下列规定：

1 搅拌站应具备供水、供电、排水、运输道路和分仓堆放砂石料及搭建水泥仓的条件。

2 搅拌站管理、生产和运输能力，应满足浇筑作业需要。

3 搅拌站宜设有计算机控制数据信息采集系统。搅拌设备配料计量偏差不得超过表

9.5.2-2 的规定。

表 9.5.2-2　搅拌设备配料的计量允许偏差（%）

材 料 名 称	水泥	掺合料	钢纤维	砂	粗集料	水	外加剂
城市快速路、主干路每盘	±1	±1	±2	±2	±2	±1	±1
城市快速路、主干路累计每车	±1	±1	±1	±2	±2	±1	±1
其他等级道路	±2	±2	±2	±3	±3	±2	±2

注：本表引自《城镇道路工程施工与质量验收规范》CJJ 1—2008　表 10.5.2。

9.5.3　混凝土拌合应遵守下列规定：

1　混凝土的拌合时间应按配合比要求与施工对其工作性要求经试拌确定。一般每盘最长总拌合时间为 80～120s。

2　外加剂宜稀释成溶液，均匀加入进行拌合。当同时掺用引气剂时，宜通过试验适当增大引气剂掺量，以达到规定含气量。

3　混凝土应拌合均匀，出仓温度符合施工要求。

4　拌合钢纤维混凝土，除应满足上述要求外，尚应符合下列要求：

1）当钢纤维体积率较高，拌合物较干时，搅拌设备一次拌合量不宜大于其额定搅拌量的 80%。

2）钢纤维混凝土的投料次序、方法和拌合时间，应以搅拌过程中钢纤维不产生结团和满足使用要求为度，应通过试拌确定。

3）钢纤维混凝土严禁用人工拌合。

9.5.4　施工中应根据运距、混凝土拌合能力、摊铺能力确定运输车辆的数量与配置。

9.5.5　不同摊铺工艺的混凝土拌合物从搅拌机出料到运输、铺筑完毕的允许最长时间应符合表 9.5.5 的规定。

表 9.5.5　混凝土拌合物出料到运输、铺筑完毕允许最长时间

施工气温*（℃）	到运输完毕允许最长时间（h）		到铺筑完毕允许最长时间（h）	
	滑模、轨道	三轴、小机具	滑模、轨道	三轴、小机具
5～9	2.0	1.5	2.5	2.0
10～19	1.5	1.0	2.0	1.5
20～29	1.0	0.75	1.5	1.25
30～35	0.75	0.50	1.25	1.0

注：① 表中 * 指施工时间的日间平均气温，使用缓凝剂延长凝结时间后，本表数值可增加 0.25～0.5h。
② 本表引自《城镇道路工程施工与质量验收规范》CJJ 1—2008　表 10.5.5。

9.6　混凝土铺筑

9.6.1　混凝土铺筑前应检验基层或砂垫层宽度、高程、模板位置。模板支撑应牢固、接缝严密、模内洁净、隔离剂涂刷均匀，钢筋、预埋胀缝板、传力杆等的位置正确，安装符合要求，方可浇注混凝土。

9.6.2　三辊轴机组铺筑应遵守下列规定：

1 三辊轴机组铺筑混凝土面层时，辊轴直径应与摊铺层厚度匹配，且必须同时配备一台安装插入式振捣器组的排式振捣机。振捣器的直径宜为50～100mm，间距不得大于其有效作用半径的1.5倍，且不得大于500mm。

2 当面层厚度小于150mm时，可采用振捣梁。其振捣频率宜为50～100Hz，振捣加速度宜为4～5g（g为重力加速度）。

3 当一次摊铺双车道面层时应配备纵缝拉杆插入机，并配有插入深度控制和拉杆间距的调整装置。

4 铺筑作业应符合下列要求：

1）卸料应均匀，布料应与摊铺速度相适应。

2）设有纵缝、缩缝拉杆的混凝土面层，应在面层施工中及时安设拉杆。

3）三辊轴整平机分段整平的作业单元长度宜为20～30m，振捣机振实与三辊轴整平工序之间的时间间隔不宜超过15min。

4）在一个作业单元长度内，应采用前进振动、后退静滚方式作业，最佳滚压遍数应经过试铺确定。

9.6.3 采用轨道摊铺机铺筑时，最小摊铺宽度不宜小于3.75m，并遵守下列规定：

1 应根据设计车道数按表9.6.3-1的技术参数选择摊铺机。

表9.6.3-1 轨道摊铺机的基本技术参数

项 目	发动机功率（kW）	最大摊铺宽度（m）	摊铺厚度（mm）	摊铺速度（m/min）	整机质量（t）
三车道轨道摊铺机	33～45	11.75～18.3	250～600	1～3	13～38
双车道轨道摊铺机	15～33	7.5～9.0	250～600	1～3	7～13
单车道轨道摊铺机	8～22	3.5～4.5	250～450	1～4	≤7

注：本表引自《城镇道路工程施工与质量验收规范》CJJ 1—2008 表10.6.3-1。

2 坍落度宜控制在20～40mm。不同坍落度的松铺系数K可参考表9.6.3-2确定，并按此计算出松铺高度。

表9.6.3-2 松铺系数K与坍落度S_L的关系

坍落度S_L（mm）	5	10	20	30	40	50	60
松铺系数K	1.30	1.25	1.22	1.19	1.17	1.15	1.12

注：本表引自《城镇道路工程施工与质量验收规范》CJJ 1—2008 表10.6.3-2。

3 当施工钢筋混凝土面层时，宜选用两台箱型轨道摊铺机分两层布料。下层混凝土的布料长度应根据钢筋网片长度和混凝土凝结时间确定，且不宜超过20m。

4 振捣作业应符合下列要求：

1）轨道摊铺机应配备振捣器组，当面板厚度超过150mm、坍落度小于30mm时，必须插入振捣。

2）轨道摊铺机应配备振动梁或振动板对混凝土表面进行振捣和修整。使用振动板振动提浆饰面时，提浆厚度宜控制在（4±1）mm。

5 面层表面整平时，应及时清除余料，用抹平板完成表面整修。

9.6.4 人工小型机具施工水泥混凝土路面层，应遵守下列规定：

1 混凝土松铺系数宜控制在1.10～1.25。

2 摊铺厚度达到混凝土板厚的三分之二时，应拔出模内钢钎，并填实钎洞。

　　3 混凝土面层分两次摊铺时，上层混凝土的摊铺应在下层混凝土初凝前完成，且下层厚度宜为总厚的3/5。

　　4 混凝土面层中设有钢筋时，混凝土摊铺应与钢筋网、传力杆及边缘角隅钢筋的安放相配合。

　　5 一块混凝土板应一次连续浇筑完毕。

　　6 混凝土使用插入式振捣器振捣时，不得过振，且振动时间不宜少于30s，移动间距不宜大于500mm。使用平板振捣器振捣时应重叠100～200mm左右，振捣器行进速度应均匀一致。

　　7 真空脱水作业应符合下列要求：

　　1）真空脱水应在面层混凝土振捣后、抹面前进行。

　　2）真空脱水工艺不适宜板厚超过240mm的混凝土面板，吸水时间（min）宜为板厚（mm）的0.1～0.15倍，相同板厚面板，昼夜平均气温越高脱水时间越短，并应以剩余水灰比来检验真空吸水效果。

　　3）开机后应逐渐升高真空度，当达到要求的真空度，开始正常出水后，真空度应保持稳定，最大真空度不宜超过0.085MPa，待达到规定脱水时间和脱水量时，应逐渐减小真空度。

　　4）真空系统安装与吸水垫放置位置，应便于混凝土摊铺与面层脱水，不得出现未经吸水的脱空部位。

　　5）混凝土试件应与吸水作业同条件制作、养护。

　　6）真空吸水作业后，应重新压实整平，并拉毛、压痕或刻痕。

　　8 成活应符合下列要求：

　　1）现场应采取防风、防晒等措施；抹面拉毛等应在跳板（工作桥）上进行，抹面时严禁在面层表面上洒水、撒水泥。

　　2）采用机械抹面时，真空吸水完成后即可进行。应先用带有浮动圆盘的重型抹面机粗抹，再用带有振动圆盘的轻型抹面机或人工细抹一遍。

　　3）混凝土抹面不宜少于4次，先找平抹平，待混凝土表面无泌水时再抹面，并依据水泥品种与气温控制抹面间隔时间。

9.6.5 混凝土面层成活后应随即拉毛（压痕）或刻痕，其平均纹理深度应为1～2mm。

9.6.6 横缝施工应遵守下列规定：

　　1 胀缝间距应遵守设计要求，缝宽宜为20mm。在与结构物衔接处、道路交叉和填挖土方变化处，应设胀缝。

　　2 胀缝上部的预留填缝空隙，宜用提缝板留置。提缝板应直顺，与胀缝板密合、垂直于面层。

　　3 缩缝应垂直面层，宽度宜为4～6mm。切缝深度：设传力杆时，不得小于面层厚三分之一，且不得小于70mm；不设传力杆时不得小于面层厚四分之一，且不得小于60mm。

　　4 混凝土横向施工缝应与胀缝传力杆位置重合。

　　5 机具切缝时，宜在水泥混凝土强度达到设计强度25%～30%时进行。

9.6.7 施工现场的气温高于30℃、拌合物温度在30～35℃、空气相对湿度小于80%时，拌合物中宜掺缓凝剂、保塑剂或缓凝（高效）减水剂等。切缝应视混凝土强度的增长情况，比常温施工适度提前。铺筑现场宜设遮阳棚。

9.6.8 露天混凝土面层施工，采用人工抹面时，遇有5级风宜停止摊铺施工，采取挡风措施完成已摊铺部分抹面，当风力达6级时必须停止施工。

9.7 养护与填缝

9.7.1 水泥混凝土面层成活后，应及时养护。可选用保湿法和塑料薄膜覆盖等方法养护。昼夜温差大于10℃的地区或日平均气温低于5℃施工的水泥混凝土面层，应采取保温、保湿的养护措施。

9.7.2 混凝土面层养护所需时间，应根据混凝土抗弯拉强度增长情况确定，以不低于设计强度80%为宜。一般宜为14~21d。掺粉煤灰的路面最短养生时间不宜少于28d。

9.7.3 养护中应保持混凝土表面潮湿状态，并由此确定每日洒水次数与洒水时间间隔。

9.7.4 养护期间应封闭交通、不得堆放重物；养护终结，应及时清除面层养护材料。混凝土板在达到设计强度的40%以后，方可允许行人通行。

9.7.5 填缝应遵守下列规定：

  1 混凝土板养护期满后应及时填缝，缝内遗留的砂石、灰浆等杂物，应剔除干净。

  2 应按设计要求选择填缝料，并根据填料品种制定技术措施。

  3 浇注填缝料必须在缝槽干燥状态下进行，填缝料应与混凝土缝壁粘附紧密不渗水。

  4 填缝料的充满度应根据施工季节而定，常温施工应与路面平，冬期施工，宜略低于板面。

9.7.6 面层混凝土弯拉强度达到设计强度，且填缝完成后，方可开放交通。

10 铺砌式面层

10.1 一般规定

10.1.1 铺砌面层施工前,应根据施工环境条件划分施工单元,确定施工的先后顺序及材料运输方案,布设施工平面、高程控制网。道路面层的控制网距离,直线段 5~10m,曲线段应适当加密。

10.1.2 料石、预制砌块(砖)宜由预制厂生产,并应提供材料强度、耐磨性能试验报告及产品合格证。

10.1.3 料石、预制砌块表面应平整、粗糙,进场后应经检验合格后方可使用。

10.2 料石面层

10.2.1 铺砌式面层的材质、规格应符合设计要求。设计无要求时,宜优先选择花岗岩等坚硬、耐磨、耐酸石材,且应符合下列规定:

    1 料石的含水饱和抗压强度、磨耗率、吸水率、孔隙率以及外观质量应符合表 10.2.1-1 的规定。

表 10.2.1-1 石材物理性能和外观质量

序号	项 目		单 位	允许值	备 注
1	物理性能	饱和抗压强度	MPa	≥120	
2		饱和抗折强度	MPa	≥9	
3		体积密度	g/cm³	≥2.5	
4		磨耗率(狄法尔法)	%	<4	
5		吸水率	%	<1	
6		孔隙率	%	<3	
7	外观质量	缺棱	个	1	面积不超过 5mm×10mm,每块板材
8		缺角	个		面积不超过 2mm×2mm,每块板材
9		色斑	个		面积不超过 15mm×15mm,每块板材
10		裂纹	条	1	长度不超过两端顺延至板边总长度的 1/10(长度小于 20mm 不计)每块板
11		坑窝	—	不明显	粗面板材的正面出现坑窝

注:① 表面纹理垂直于板边沿,不得有斜纹、乱纹现象,边沿直顺、四角整齐,不得有凹、凸不平现象。
    ② 本表引自《城镇道路工程施工与质量验收规范》CJJ 1—2008 表 11.1.1-1。

2 料石加工尺寸偏差应符合表10.2.1-2的规定。

表10.2.1-2 料石加工尺寸允许偏差

序号	项目	允许偏差（mm）	
		粗面材	细面材
1	长、宽	0 -2	0 -1.5
2	厚（高）	+1 -3	±1
3	对角线	±2	±2
4	平面度	±1	±0.7

注：本表引自《城镇道路工程施工与质量验收规范》CJJ 1—2008 表11.1.1-2。

10.2.2 砌筑砂浆所用水泥、砂、水应符合下列规定：
1 水泥应符合现行《通用硅酸盐水泥》GB 175 的规定。
2 宜用质地坚硬、干净的粗（中）砂，含泥量应小于5%。
3 拌合用水应符合本规程第6.2.1条有关规定。

10.2.3 铺砌应采用干硬性水泥砂浆，松铺系数应经试铺确定。

10.2.4 当采用水泥混凝土做基层时，铺砌面层的伸缩缝应与基层的伸缩缝对齐。

10.2.5 铺砌中砂浆应饱满，且表面平整、稳定、缝隙均匀。与检查井等构筑物相接时，应顺畅、美观，不得反坡。

10.2.6 伸缩缝材料应安放平直与料石粘贴牢固。

10.2.7 施工中应用机械切割石材，并应合理安排石材的铺砌排列方式，组成美观的砌缝组合。

10.2.8 铺装完成检查合格后，应及时灌缝。

10.2.9 铺砌完成后，必须封闭交通，湿润养护，水泥砂浆达到设计强度后方可放行。

10.3 预制混凝土砌块面层

10.3.1 预制砌块的技术性能应符合下列规定：
1 砌块的弯拉或抗压强度应符合设计要求。当砌块边长与厚度比小于5时以抗压强度控制。人行步道砌块混凝土强度宜不低于30MPa。
2 砌块的耐磨性试验磨坑长度不得大于35mm，吸水率应小于8%，其抗冻性应符合设计规定。
3 砌块的加工尺寸与外观质量应符合表10.3.1的规定。

表10.3.1 砌块加工尺寸与外观质量允许偏差

序号	项目	单位	允许偏差
1	长度、宽度	mm	±2.0
2	厚度		±3.0
3	厚度差①		≤3.0
4	平整度		≤2.0
5	垂直度		≤2.0
6	正面黏皮及缺损的最大投影尺寸		≤5

续表

序号	项目		单位	允许偏差
7	缺棱掉角的最大投影尺寸		mm	≤10
8	裂纹	非贯穿裂纹最大投影尺寸		≤10
		贯穿裂纹		不允许
9	分层			不允许
10	色差、杂色			不明显

注：① 同一砌块的厚度差。
② 本表引自《城镇道路工程施工与质量验收规范》CJJ 1—2008 表 11.2.1。

10.3.2 混凝土预制砌块应具有出厂合格证、生产日期和混凝土弯拉、抗压强度试验资料。铺装前应进行外观检查与强度试验抽样（含见证取样）检验。

10.3.3 砌筑砂浆所用水泥、砂、水的质量应符合本规程第 10.2.2 条规定。

10.3.4 混凝土砌块铺砌与养护应遵守第 10.2 节有关规定。

11 广场、停车场

11.0.1 广场、停车场的地基与基层施工应符合本规程第5、6章的有关规定。

11.0.2 铺砌式广场、停车场面层施工应遵守下列规定：

 1 施工中应合理划分施工单元，安排施工道路与社会交通疏导。

 2 施工中应根据现场环境与广场、停车场形状建立5m×5m~10m×10m方格网或以几何形心测设极坐标控制网。宜以雨水口和地面排水坡度分界线控制铺装面层坡度。

 3 用于广场、停车场面层的料石品种、色泽、规格应符合设计要求。其物理性能、外观质量、加工偏差设计未作要求时，应符合本规程第10.2.1条有关规定。

 4 预制混凝土砌块的混凝土强度等级、色泽、尺寸规格应符合设计要求。设计未作要求时其质量与加工偏差应符合本规程第10.3.1条有关规定。

 5 面层铺砌施工应符合本规程第10章的有关规定。

11.0.3 采用沥青混凝土面层，施工应符合本规程第7章的有关规定。

11.0.4 采用现浇混凝土面层，施工应符合本规程第9章的有关规定。

11.0.5 广场中设有盲道时，盲道施工应符合本规程第12.2节的有关规定。

11.0.6 雨水口、雨水支管施工应符合本规程第15.2节有关规定。

12 人 行 道

12.1 一 般 规 定

12.1.1 人行道应在路缘石施工后进行。

12.1.2 设树池的人行道应在施工前准确施测树池位置。

12.1.3 人行道外侧有绿地时，靠绿地一侧的路缘石宜高出人行道面100mm左右，且高出绿地填土50mm左右。

12.1.4 人行道应与相邻的建（构）筑物接顺，不得反坡。

12.1.5 有特殊要求的人行道，应按设计要求及现场条件制定铺装方案及验收标准。

12.1.6 基层压实度应符合设计要求，基层材料应符合设计要求。

12.1.7 人行道面层铺筑前，应布设水平与高程控制桩、线。

12.2 料石与预制砌块（砖）铺砌人行道面层

12.2.1 铺砌用料石、预制混凝土砌块（砖）的质量应符合本规程第10.2.1、10.3.1条的有关规定。

12.2.2 砌筑用水泥砂浆及其原材料应符合本规程第10.2.2节有关规定。

12.2.3 铺砌施工应遵守本规程第10.2、10.3节有关规定。

12.2.4 盲道铺砌应遵守下列规定：
 1 行进盲道砌块（导向砖）与提示盲道砌块（停步砖）不得混用。
 2 盲道必须避开树池、检查井、杆线等障碍物。
 3 路口处盲道应铺设为无障碍形式。

12.3 沥青混合料铺筑人行道面层

12.3.1 施工中应根据场地环境条件选择适宜的沥青混合料摊铺方式与压实机具。

12.3.2 沥青混凝土层厚不得小于30mm，沥青石屑、沥青砂层厚不得小于20mm。

12.3.3 压实度不得小于95%。表面应平整，无明显轮迹。

12.3.4 施工中尚应符合本规范第7章有关规定。

13 地下人行通道

13.1 一般规定

13.1.1 道路范围内的地下人行通道，宜与道路同步配合施工。

13.1.2 地下人行通道宜整体施工。分段施工时，临时道路宽度应满足现况交通的要求，且边坡稳定。需支护时，应在施工前对支护结构进行施工设计。施工中应采取快速、连续作业方式，缩短沟槽暴露时间。

13.1.3 有地下水时，应先将地下水位降至基底以下500mm方可施工，且降水应连续进行，直至工程完成到地下水位500mm以上且具有抗浮及防渗漏能力方可停止降水。

13.1.4 挖方区地下人行通道基槽开挖应符合企业规程《土方与地基施工技术规程》及本规程第5.2节有关规定，且边坡稳定。填方区内的地下人行通道应在填土至地道基底标高后及时施工。

13.1.5 地下人行通道地基承载力必须符合设计要求。地基承载力应经检验确认合格。

13.1.6 地下人行通道两侧的回填土，应在主体结构防水层的保护层完成，且保护层砌筑砂浆强度达到规定值后方可进行。地道两侧填土应对称进行，高差不宜超过300mm。回填土应符合企业规程《土方与地基施工技术规程》有关规定。

13.1.7 变形缝（伸缩缝、沉降缝）止水带安装应位置正确、牢固，严禁用铁钉、铁丝等穿透固定变形缝止水带。缝宽及填缝材料应符合要求。预埋件位置应准确。

13.1.8 地下人行通道附属的各种管线、排水泵房管理间等，应与地下人行通道主体结构同步配合施工，并符合国家现行有关标准和企业规程《管道工程施工技术规程》的有关规定。

13.1.9 地下人行通道的梯道施工应遵守下列规定：
  1 梯道的结构、尺寸、坡度应符合设计要求。
  2 梯道的出、入口应与步道衔接顺畅，不得反坡。
  3 无障碍设施的宽度、坡度、弯道半径应符合设计要求。

13.1.10 地下人行通道采用暗挖法施工时，应符合企业规程《城市快速轨道交通工程施工技术规程》的有关规定。

13.1.11 地下人行通道外防水层施工应遵守下列规定：
  1 材料品质、规格、性能应符合设计要求。
  2 结构底部防水层应在垫层混凝土强度达到设计强度70%以上后铺设，且与地道结构粘贴牢固。
  3 防水材料纵横向搭接长度不得小于100mm，应粘接密实、牢固。
  4 地下人行通道基础施工不得破坏防水层。地道侧墙与顶板防水层铺设完成后，应在其外侧作保护层。

13.1.12 有装饰的地下人行通道，装饰施工应符合国家现行有关标准的规定。

13.2 现浇钢筋混凝土地下人行通道

13.2.1 基础结构下应设混凝土垫层。垫层混凝土宜为C10~C15级，厚度宜为100mm。

13.2.2 混凝土结构宜分基础、侧墙、顶板三个阶段施工，也可分基础与其以上部分两阶段施工。

13.2.3 模板的制作、安装与拆卸，除应符合企业规程《混凝土结构施工技术规程》有关规定外，尚应遵守下列规定：

  1 基础模板安装应符合表13.2.3-1规定。

表13.2.3-1 基础模板安装允许偏差

序号	项目		允许偏差（mm）	检验频率		检验方法
				范围	点数	
1	相邻两板表面高差	刨光模板	≤2	20m	2	用塞尺量
		钢模板				
		不刨光模板	≤4			
2	表面平整度	刨光模板	≤3	20m	4	用2m直尺、塞尺量
		钢模板				
		不刨光模板	≤5			
3	断面尺寸	宽度	±10	20m	2	用钢尺量
		高度	±10			
		杯槽宽度①	+20 0			
4	轴线偏位	杯槽中心线①	≤10	20m	1	用经纬仪测量
5	杯槽底面高程（支撑面）①		+5 -10	20m	1	用水准仪测量
6	预埋件①	高程	±5	每个	1	用水准仪测量，用钢尺量
		偏位	≤15			

注：① 发生此项时使用。
  ② 本表引自《城镇道路工程施工与质量验收规范》CJJ 1—2008 表14.2.3-1。

  2 侧墙与顶板模板安装应符合表13.2.3-2规定。

表13.2.3-2 侧墙、顶板模板安装允许偏差

序号	项目		允许偏差	检验频率		检验方法
				范围（m）	点数	
1	相邻两板表面高差（mm）	刨光模板	2	20	4	用钢尺、塞尺量
		钢模板				
		不刨光模板	4			
2	表面平整度（mm）	刨光模板	3		4	用2m直尺和塞尺量
		钢模板				
		不刨光模板	5			

续表

序 号	项 目	允许偏差	检验频率		检验方法
			范围（m）	点 数	
3	垂直度	≤0.1%H且≤6	20	2	用垂线或经纬仪测量
4	杯槽内尺寸① （mm）	+3 −5		3	用钢尺量，长、宽、高各1点
5	轴线偏位（mm）	10		2	用经纬仪测量，纵、横各1点
6	顶面高程（mm）	+2 −5		1	用水准仪测量

注：① 发生此项时使用。
　　② 本表引自《城镇道路工程施工与质量验收规范》CJJ 1—2008 表 14.2.3-2。

13.2.4 钢筋加工、成型与安装除应符合现行企业规程《混凝土结构施工技术规程》的有关规定外，尚应遵守下列规定：

1 钢筋加工允许偏差应符合应符合表 13.2.4-1 规定。

表 13.2.4-1　钢筋加工安装允许偏差

序 号	项 目	允许偏差 （mm）	检验频率		检验方法
			范 围	点 数	
1	受力钢筋成型长度	+5 −10	每根（每一类型抽查10%且不少于5根）	1	用钢尺量
2	箍筋尺寸	0 −3		2	用钢尺量，高、宽各1点

注：本表引自《城镇道路工程施工与质量验收规范》CJJ 1—2008 表 14.2.4-1。

2 钢筋成型与安装偏差应符合表 13.2.4-2 规定。

表 13.2.4-2　钢筋成型与安装允许偏差

序 号	项 目	允许偏差 （mm）	检验频率		检验方法
			范围（m）	点 数	
1	配置两排以上受力筋时钢筋的排距	±5	10	2	用钢尺量
2	受力筋间距	±10		2	用钢尺量
3	箍筋间距	±20		2	5个箍筋间距量1尺
4	保护层厚度	±5		2	用尺量

注：本表引自《城镇道路工程施工与质量验收规范》CJJ 1—2008 表 14.2.4-2。

13.2.5 混凝土原材料、配合比与施工应符合企业规程《混凝土结构施工技术规程》有关规定。

13.2.6 混凝土成型后应根据环境条件选用适宜的养护方法并实施。

13.3　装配式钢筋混凝土地下人行通道

13.3.1 预制构件的存放场地，应平整坚实，排水顺畅。构件应分类存放，支垫正确、稳固，方便吊运。

13.3.2 构件吊装时,其强度不得低于设计要求值。设计无要求时,不得低于设计强度的75%。构件起吊,其吊点应符合设计要求,设计未要求时,应经计算确定。构件起吊时,吊索与构件水平面所成角度不宜小于60°。

13.3.3 预制钢筋混凝土墙板、顶板、梁、柱等构件应有生产日期、出厂检验合格标识与产品合格证及相应的钢筋、混凝土原材料检测、试验资料。安装前应进行检验,确认合格。

13.3.4 预制构件运输应支撑(紧固)稳定,不得损伤构件。

13.3.5 预制侧墙安装应遵守下列规定:
1 基础混凝土达到设计强度的75%以后,方可进行安装。
2 安装前应将构件与连接部位凿毛清理干净。杯槽底部应按高程要求铺设水泥砂浆。
3 构件安装时,其混凝土的强度不得低于设计强度的75%;预应力混凝土构件,孔道灌浆的强度应符合设计要求,设计未要求时,不得低于砂浆强度的75%。
4 在有杯槽的基础上安装墙板,墙板就位后,应用楔块固定。在无杯槽基础上安装墙板,墙板就位后,应用临时支撑固定牢固,并及时完成焊接连接。焊接操作与质量应符合国家现行标准的有关规定。焊接件焊接后应进行防腐处理。
5 墙板安装应位置准确、直顺与相邻板板面平齐,墙板缝与基础的变形缝应对齐。
6 板缝及杯口混凝土达到规定强度或墙板与基础焊接牢固,验收合格,且盖板安装完毕后,方可拆除支撑。

13.3.6 杯口混凝土宜在墙体接缝填筑完毕后浇筑。杯口混凝土达到设计强度的75%以上,且防水层的保护层砌体的砂浆强度达到3.0MPa后,方可回填土。

13.3.7 地下人行通道底板的垫层、钢筋混凝土、外防水层、变形(止水、沉降)缝施工应遵守本规程第13.2节的有关规定。

13.3.8 顶板宜采用整体现浇钢筋混凝土结构,其施工应遵守本规程13.2节有关规定。

13.3.9 当采用预制顶板时,安装除应符合本规程13.3.5条有关规定外,尚应遵守下列规定:
1 顶板板缝应与墙板板缝错开。
2 在结构变形缝处,顶板板缝应与侧墙板缝对齐。

13.3.10 顶板的搭墙长度应符合设计要求,偏差小于10mm。

14 挡 土 墙

14.1 一 般 规 定

14.1.1 挡土墙基础地基承载力必须符合设计要求，且经检测验收合格后方可进行后续施工。

14.1.2 施工中应按设计要求施作挡土墙的排水系统、泄水孔、反滤层和结构变形缝。

14.1.3 当挡土墙墙面需立体绿化时，应按防止挡土墙基础浸水下沉的设计要求施工。

14.1.4 土方施工应符合本规程第13.1节有关规定。

14.1.5 挡土墙顶设帽石时，帽石安装应平顺、坐浆饱满、缝隙均匀。

14.1.6 当挡土墙顶部设有栏杆时，栏杆施工应符合现行企业规程《桥梁工程施工技术规程》有关规定。

14.1.7 凡具备条件的现场，挡土墙的土方开挖宜与道路土方同步施工。

14.1.8 有装饰的挡土墙其装饰施工应符合国家现行有关标准规定。

14.2 现浇钢筋混凝土挡土墙

14.2.1 混凝土施工应符合本规程第13.2节有关规定。

14.2.2 墙体施工宜以沉降缝划分施工单元，跳档施工。墙顶设帽石、栏杆、地袱时，其施工应符合企业规程《桥梁工程施工技术规程》的有关规定。帽石宜与墙体同时浇注。帽石、地袱、栏杆应在沉降缝处断开。

14.3 装配式钢筋混凝土挡土墙

14.3.1 现浇混凝土基础施工，应符合本规程第13.2节有关规定。

14.3.2 挡土墙板安装除应符合本规程第13.3节有关规定外，尚应遵守下列规定：

1 墙顶高程有坡度变化时（或不等高时）宜按实际坡度（高程）放样预制，安装时依次就位，保持墙顶面高程顺畅。

2 当用在三角区二次混凝土施作墙顶纵坡时，混凝土浇筑前应将墙顶面混凝土凿毛，清理干净，模板顶面高程坡度应符合设计要求，模板与墙体间的缝隙应封堵严密，不得漏浆。

14.3.3 墙板灌缝应插捣密实，板缝外露面宜用相同强度的水泥砂浆勾缝，勾缝应密实、平顺。

14.4 砌体挡土墙

14.4.1 砌筑挡土墙施工应符合本规程第13.2节有关规定。

14.4.2 墙体砌筑应以沉降缝分界，分开施工。墙顶的帽石应在墙体沉降缝处断开。

14.5 加筋土挡土墙

14.5.1 现浇混凝土基础施工，应符合本规程第13.2节有关规定。

14.5.2 预制挡土墙板安装应符合本规程第13.3.5条规定。

14.5.3 加筋挡土墙的填土应按设计要求选择，施工前应对所用土料进行物理、力学试验，不得采用白垩土、硅藻土及腐殖土。

14.5.4 施工前应对筋带材料进行拉拔、剪切、延伸性能复试，其指标符合设计要求方可使用。采用钢质拉筋时应按设计要求作防腐处理。

14.5.5 安装挡墙板，应向路堤内倾斜，其斜度应符合设计要求。

14.5.6 施工中应控制每层加筋土的填土厚度及压实度。每层虚铺不宜大于250mm，压实度应符合设计要求，且不得小于95%。

14.5.7 筋带位置、数量必须符合设计要求。填土中设有土工布时，土工布搭接宽度宜为300~400mm，并按设计要求留出折回长度。

14.5.8 施工中应按施工设计要求观测挡墙板位移。

14.5.9 施工中应完整准确地作好施工过程原始记录与过程质量检查、隐蔽验收记录，存档备查。

14.6 灌注桩挡土墙

14.6.1 灌注桩施工应符合企业规程《桥梁工程施工技术规程》有关规定。

14.6.2 灌注桩挡土墙的桩体及其顶部系梁，应在路堑施工前完成。桩体混凝土达到设计要求强度后方可开挖路堑土方。

14.6.3 灌注桩间土层应按设计要求进行封闭或加固处理，并随上层土方开挖及时进行。采用挂网喷射混凝土封闭时，施工应符合企业规程《土方与地基施工技术规程》的有关规定。

15 附属构筑物

15.1 路缘石（道牙）

15.1.1 路缘石宜由预制厂生产，并应提供产品强度、规格尺寸等技术资料及产品合格证。

15.1.2 路缘石宜采用石材或预制混凝土标准块。路口、隔离带端部等曲线段缘石，宜按设计曲线预制弧形缘石，也可采用长度较短的直线预制块。缘石安装前，应进行现场复检，合格后方可使用。

15.1.3 石质路缘石应用质地坚硬的石料加工，强度符合设计要求，宜选用花岗石，加工精度无特殊要求时，应符合下列规定：

　　1 剁斧加工路缘石尺寸偏差应符合表 15.1.3-1 规定。

表 15.1.3-1　剁斧加工石质路缘石允许偏差

序号	项目		允许偏差（mm）
1	外形尺寸（mm）	长	±5
		宽	±2
		厚（高）	±2
2	外露面细石面平整度（mm）		3
3	对角线长度差（mm）		±5
4	剁斧纹路		应直顺、无死坑

注：本表引自《城镇道路工程施工与质量验收规范》CJJ 1—2008 表 16.1.3-1。

　　2 机具加工路缘石尺寸偏差应符合表 15.1.3-2 规定。

表 15.1.3-2　机具加工石质路缘石偏差

序号	项目		允许偏差（mm）
1	外形尺寸	长	±4
		宽	±1
		厚（高）	±2
2	对角线长度差		±4
3	外露面平整度		2

注：本表引自《城镇道路工程施工与质量验收规范》CJJ 1—2008 表 16.1.3-2。

15.1.4 预制混凝土路缘石应遵守下列规定：

　　1 混凝土强度等级应符合设计要求。设计未要求时，不得小于 C30。不同强度等级的混凝土路缘石弯拉与抗压强度应符合表 15.1.4-1 规定。

表 15.1.4-1 路缘石弯拉与抗压强度

序 号	直线路缘石			直线路缘石（含圆形、L 形）		
	弯拉强度（MPa）			抗压强度（MPa）		
	强度等级 C_f	平均值	单块最小值	强度等级 C_c	平均值	单块最小值
1	$C_f3.0$	≥3.00	≥2.40	C_c30	≥30.0	24.0
2	$C_f4.0$	≥4.00	≥3.20	C_c35	≥35.0	28.0
3	$C_f5.0$	≥5.00	≥4.00	C_c40	≥40.0	32.0

注：① 直线路缘石用弯拉强度控制，L 形或弧形路缘石用抗压强度控制。
② 本表引自《城镇道路工程施工与质量验收规范》CJJ 1—2008 表 16.1.4-1。

2 路缘石吸水率不得大于 8%。有抗冻要求的路缘石经 50 次冻融试验（D50）后，质量损失率应小于 3%，抗盐冻性路缘石经 ND25 次试验后，质量损失应小于 $0.5kg/m^2$。

3 预制混凝土路缘石加工精度无特殊要求时，其尺寸偏差应符合表 15.1.4-2 规定。

表 15.1.4-2 预制混凝土路缘石加工尺寸允许偏差

序 号	项 目	允 许 偏 差（mm）
1	长度	+5 / −3
2	宽度	+5 / −3
3	高度	+5 / −3
4	平整度	≤3
5	垂直度	≤3

注：本表引自《城镇道路工程施工与质量验收规范》CJJ 1—2008 表 16.1.4-2。

4 外观质量要求应符合表 15.1.4-3 规定。

表 15.1.4-3 预制混凝土路缘石外观质量允许偏差

序 号	项 目	允 许 偏 差
1	缺棱掉角影响顶面或正侧面的破坏最大投影尺寸（mm）	≤15
2	面层非贯穿裂纹最大投影尺寸（mm）	≤10
3	可视面粘皮（脱皮）及表面缺损最大面积（mm^2）	≤30
4	贯穿裂纹	不允许
5	分层	不允许
6	色差、杂色	不明显

注：本表引自《城镇道路工程施工与质量验收规范》CJJ 1—2008 表 16.1.4-3。

15.1.5 路缘石基础宜与相应的基层同步施工。

15.1.6 安装路缘石的控制桩，直线段桩距宜为 10~15m；曲线段宜为 5~10m；路口处宜为 1~5m。

15.1.7 路缘石应以干硬性砂浆铺砌，砂浆应饱满、厚度均匀。路缘石砌筑应稳固、直线段顺直、曲线段圆顺；路缘石缝宽应均匀一致，约 8~10mm；立缘石顶面应平顺，平缘石表面应平整不阻水。

15.1.8 路缘石背后宜浇筑三角形水泥混凝土支撑,并将还土夯实。还土夯实宽度不宜小于500mm,高度不宜小于150mm,压实度不得小于90%。

15.1.9 路缘石宜采用M10水泥砂浆灌缝,灌缝应密实。灌缝前应修整缘石,使其位置、高程符合要求。灌缝后,常温期养护不得少于3d。

15.1.10 路缘石砌筑中,应用机械切割加工非标准长度的缘石,或现浇同级混凝土。不得用砌砖抹面方式处理。

15.1.11 现浇混凝土路缘石除应符合企业规程《混凝土结构施工技术规程》的有关规定外,尚应遵守下列规定:
　　1　混凝土配合比应经计算试配确定,抗弯拉强度符合设计要求。
　　2　宜用路缘石成型机浇筑成型。
　　3　混凝土应密实,外观质量符合规定。
　　4　混凝土未达到设计要求强度前,不得碰撞,不得承受外荷载。

15.2　雨水口与雨水支管

15.2.1 雨水支管应与雨水口配合施工。

15.2.2 雨水口、雨水支管位置应符合设计要求,且满足路面排水要求。

15.2.3 雨水口、雨水支管基底应坚实,现浇混凝土基础应振捣密实,强度符合要求,混凝土强度达到设计强度的75%后,方可砌筑安装雨水口,敷设雨水支管。

15.2.4 施做雨水口应遵守下列规定:
　　1　雨水口算井框均应具有产品合格证。
　　2　雨水管端面应露出井内壁,其露出长度不得大于20mm。
　　3　砌筑雨水口井壁应表面平整、砌筑砂浆饱满、勾缝平顺。
　　4　雨水管穿井墙处,管顶应砌砖券。
　　5　雨水口底面应用水泥砂浆抹出泛水坡。

15.2.5 雨水支管敷设应直顺,不得错口、反坡、凹兜。检查井、雨水口内的外露管端面应完好,不得将断管端置入雨水口(井)。宜用机械断切雨水支管管材。

15.2.6 雨水支管、雨水口四周回填应密实。处于道路基层内的雨水支管应做360°混凝土包封,且在包封混凝土达至设计强度75%前不得放行交通。

15.2.7 雨水支管与既有雨水干线连接时,宜避开雨期。施工中,需进入检查井时,必须采取防缺氧、防有毒和有害气体的安全措施。

15.2.8 支管与雨水干管连接,需新建检查井时,其砌筑施工除应符合企业规程《管道工程施工技术规程》的有关规定外,尚应遵守下列规定:
　　1　检查井基础应与干管基础同时浇筑。
　　2　检查井内的流槽,宜与井壁同时进行砌筑;有预留支管的检查井砌筑时,应按设计位置安放预留管,预留管口应封堵严密,封口抹平,封堵材料应便于拆除;当采用砖、砌块砌筑流槽时,表面应用砂浆压实抹光,流槽应与上下游管道接顺。
　　3　砌筑时,对接入的支管应随砌随安,管口宜伸入井内20mm。不得将截断管端放在井内。

  4 砌筑圆井应随时掌握尺寸，进行收口时，四面收口的每层砖不应超30mm；三面收口的每层砖不应超过40~50mm。圆井筒的楔形缝应以适宜的砖块填塞，砌筑砂浆应饱满。
  5 检查井内的踏步，安装前应刷防锈剂，在砌筑时用砂浆填塞牢固，砂浆未凝固前不得踩踏。
  6 砌筑检查井的内壁应用原浆勾缝。有抹面要求时，内壁抹面应分层压实，外壁用砂浆搓缝应密实。
  7 有闭水要求的管道检查井，回填土前应进行管道、井体的一体闭水试验。

15.3 排（截）水沟

15.3.1 排（截）水沟（含水簸箕）应与道路配合施工。位置、高程应符合设计要求，直线段线形直顺，曲线段顺畅。
15.3.2 土沟不得超挖，沟底、边坡应夯实，严禁用虚土贴底、贴坡。
15.3.3 砌体和混凝土排水沟的土基应夯实。
15.3.4 砌体沟应座浆饱满、勾缝密实，不得有通缝。沟底应平整，无反坡、凹兜现象；边坡（墙）应表面平整，与其他排水设施的衔接应平顺。
15.3.5 混凝土排水沟的混凝土应振捣密实，强度符合设计要求，外露面应平整。
15.3.6 盖板沟的预制盖板，混凝土强度应符合设计要求，配筋位置应准确，表面无蜂窝、无缺损。

15.4 倒虹管与涵洞

15.4.1 矩形涵洞施工应符合本规程第13章的有关规定。
15.4.2 采用埋设预制管做涵洞（管涵）及倒虹管施工，应符合企业规程《管道工程施工技术规程》的有关规定。

15.5 护　　坡

15.5.1 护坡的基础应建立在原状土上，当地基松软时，应进行处理。
15.5.2 护坡宜安排在枯水或少雨期施工。
15.5.3 高填土路基护坡应在路基沉降稳定后方可修筑。
15.5.4 施工护坡所用砌块、石料、水泥、砂等原材料应符合设计要求和国家现行有关标准规定。砂浆、混凝土等均应经配合比计算、试配确定，符合设计要求。
15.5.5 砌筑护坡的厚度、断面尺寸、泄水孔位置、尺寸应符合设计要求。砌筑时应挂坡度线（或树样板），并符合企业规程《砌体结构施工技术规程》有关规定。
15.5.6 植被护坡的植被品种、布置应符合设计要求。
15.5.7 路堑护坡采用锚杆支护时应符合国家现行《锚杆喷射混凝土支护技术规范》GB 50086的有关规定。

15.6 隔 离 墩

15.6.1 隔离墩宜由预制厂生产,并提供产品强度、规格、尺寸等技术资料及产品合格证。现场预制时宜采用钢模板,模板应拼装严密、牢固,混凝土拆模时的强度不得低于设计强度的75%。

15.6.2 隔离墩吊装时,其强度应符合设计要求,设计无要求时不得低于设计强度的75%。

15.6.3 安装必须稳固,座浆饱满;焊接连接时,焊缝应符合设计要求,并应符合国家现行标准的有关规定。

15.7 隔 离 栅

15.7.1 隔离网、隔离栅板应由有资质的工厂加工,其材质、规格型式及防腐处理均应符合设计要求。

15.7.2 隔离栅宜采用预制混凝土柱固定。采用金属柱时,柱和连接件的规格、尺寸、材质应符合设计要求,并做防腐处理。

15.7.3 隔离栅立柱应与基础连接牢固,位置应准确。

15.7.4 立柱基础混凝土达到设计强度75%后,方可安装隔离栅板(网)片。隔离网、隔离栅板应与立柱连接牢固,框架与网面应平整,无明显凹凸现象。

15.8 护　　栏

15.8.1 护栏(立柱、栏板、波形梁)应由有资质的工厂加工。护栏的材质、规格型式及防腐处理应符合设计要求。加工件表面不得有剥落、气泡、裂纹、疤痕、擦伤等表面缺陷。

15.8.2 护栏立柱应埋置于坚实的土基内,埋设位置应准确,深度应符合设计要求。

15.8.3 栏板、波形梁应与道路竖曲线协调一致。

15.8.4 波形梁的起、止点和道口处应按设计要求进行端头处理。

15.9 声 屏 障

15.9.1 声屏障所用材质与单体构件的结构形式、外形尺寸、隔音性能应符合设计要求。

15.9.2 混凝土基础施工应符合本规程第13.2节有关规定。

15.9.3 砌体声屏障施工尚应遵守下列规定:

    1　施工中的临时预留洞净宽度不得大于1m。

    2　当砌体声屏障处于潮湿或有化学侵蚀介质环境中时,砌体中的钢筋应采取防腐措施。

15.9.4 金属声屏障施工尚应遵守下列规定:

1 焊接必须符合设计要求和现行国家有关标准的规定。焊接不得有裂缝、未熔合、夹渣和未填满弧坑等缺陷。
　　2 屏体与基础的连接应牢固。
　　3 采用钢化玻璃屏障时，其力学性能指标应符合设计要求。屏障与金属框架应镶嵌牢固、严密。

15.10 防 眩 板

15.10.1 防眩板的材质、规格、防腐处理、几何尺寸及遮光角应符合设计要求。
15.10.2 防眩板应由有资质的工厂加工，镀（渗）锌（铝）量应符合设计要求。防眩板表面应色泽均匀，不得有气泡、裂纹、疤痕、端面分层等缺陷。
15.10.3 防眩板安装应位置准确、焊接或拴接牢固。
15.10.4 路段与桥梁上防眩设施衔接应直顺。
15.10.5 施工中不得损伤防眩板的金属渗（镀）层，出现损伤应在 24h 之内予以修补。

16 冬雨期施工

16.1 一般规定

16.1.1 凡进入或跨越冬、雨期施工的工程,均应根据施工所在地的气候条件、工程特点编制专项施工方案并实施。

16.1.2 施工中应根据工程所在地气候环境条件,确定冬、雨期的起、止时间的时限。

16.1.3 冬、雨期施工的各项准备工作,应在进入冬、雨期施工前15天完成。

16.1.4 冬、雨期施工期间,应加强与气象部门联系,及时掌握气象条件变化,做好防范工作。

16.2 冬期施工

16.2.1 凡施工现场环境日平均气温连续5d稳定低于5℃,或最低环境气温低于-3℃时,应视为进入冬期施工。

16.2.2 冬期挖土应遵守下列规定:

1 施工中遇有冻土时,应选择适宜的破冻土机械与开挖机械设备。

2 冬期施工严禁掏洞挖土(取料)。

3 路堑土方开挖,宜每日开挖至规定深度,且及时采取防冻措施。当开挖至路床时,必须当日碾压成活,并对成活面采取覆盖保温措施。一般土壤的冻结速度参见表16.2.2:

表 16.2.2 土壤的冻结速度

土壤种类	在下列气温接近最佳含水量时,土的冻结速度(cm/h)			
	-5℃	-10℃	-15℃	-20℃
覆盖有积雪的亚黏土和亚砂土	0.03	0.05	0.08	0.10
没有积雪覆盖的亚黏土和亚砂土	0.15	0.3	0.35	0.50

4 挖土段的边坡应在开挖过程中及时修整与加固。

16.2.3 路基填方应遵守下列规定:

1 环境气温低于-5℃时,填土高度应符合表16.2.3-1规定。应制定具体碾压措施,对填土层应及时碾压密实,并采取防冻措施。

表 16.2.3-1 填土高度

温度 t(℃)	填土高度(m)	温度 t(℃)	填土高度(m)
-5 ~ -10	≤4.5	-10 ~ -15	≤3.5
-15 ~ -20	≤2.5		

注:本表引自《北京市城市道路工程施工技术规程》DBJ 01—45—2000 表4.8.5。

2 填方土层宜用未冻、易透水、符合规定的土。在气温低于 -5℃时，每层虚铺厚度应较常温施工规定厚度小 20%~25%。

3 路基不得使用含有冻土块的土料填筑。

4 使用黏性土填筑路基时，尚应符合下列要求：

1) 施工前预测出土壤含水量；
2) 施工中有较长时间中断时，施工段的连结部位宜用保温材料覆盖；
3) 路基分段施工的连接部位应做成阶梯形状，每层宽度不得小于1m。

16.2.4 石灰稳定土（料粒、工业废渣）类、水泥稳定土（粒料）类基层不得在冬期施工。石灰稳定土类材料宜在冬期开始前30~45天完成施工，水泥稳定土类材料宜在冬期开始前15~30天完成施工。当上述基层材料养护期进入冬期时，应在基层施工时向基层材料中掺入防冻剂。

16.2.5 级配砂石（砾石）、级配碎石施工，应根据施工环境最低温度经试验确定碾压时泼洒水中防冻剂的含量，随泼洒，随碾压。盐溶液浓度和冰点的关系见表16.2.5。

表 16.2.5 不同浓度盐水溶液的冰点

溶液密度（g/cm³）15℃时	食盐含量（g）		冰 点（℃）
	在 100g 溶液内	在 100g 水内	
1.04	5.6	5.9	-3.5
1.06	8.3	9.0	-5.0
1.09	12.2	14.0	-8.5
1.10	13.6	15.7	-10.0
1.14	18.8	23.1	-15.0
1.17	22.4	29.0	-20.0

注：① 溶液浓度应用比重控制。
② 本表引自《城镇道路工程施工与质量验收规范》CJJ 1—2008 表 17.3.5。

16.2.6 沥青类面层施工应遵守下列规定：

1 粘层、透层、封层禁止冬期施工。

2 城市快速路、主干路的沥青混合料面层禁止施工。次干路及其以下道路在施工温度低于5℃时，应停止施工。

3 进入冬期施工的沥青混合料应视沥青品种、标号，比常温适度提高混合料拌合与施工温度。

4 风力6级（含）以上，沥青混合料不得施工。

5 贯入式沥青面层与表面处置沥青面层禁止冬期施工。

16.2.7 水泥混凝土面层施工应遵守下列规定：

1 施工中应根据气温变化采取保温防冻措施。当连续5昼夜平均气温低于-5℃，或最低气温低于-15℃时，宜停止施工。

2 水泥应选用水化总热量大的 R 型水泥或单位水泥用量较多的 32.5 级水泥，不宜掺粉煤灰。

3 对拌合物中掺加的早强剂、防冻剂应经优选确定。

4 采用对水或加热砂石料拌制混凝土时，应依据出料温度要求，经热工计算，确定水与粗细骨料加热温度。水温不得高于80℃；砂石温度不宜高于50℃。搅拌机出料温度不得低于10℃，摊铺混凝土温度不得低于5℃。

5 养护期应加强保温、保湿、覆盖，可先用塑料薄膜（或喷洒养护剂）做保湿隔离层，再进行保温覆盖。养护期应始终保持混凝土面层最低温度不低于5℃。

6 养护期应经常检查保温、保湿隔离膜，保持其完好。并按规定检测气温与混凝土面层温度，用以指导养护与施工。混凝土面层测温孔应设置在路板边缘，均匀布设，所有测温孔应编号，孔深不得小于100mm。混凝土浇注后40h内，每隔6h测温一次，以后每12h测温一次。测温应在温度计插入测温孔3min后读数，并作好记录。

7 当面层混凝土抗弯拉强度未达到1MPa或抗压强度未达到5MPa时，必须采取防止混凝土受冻的措施，严禁混凝土受冻。

16.3 雨期施工

16.3.1 各地的防汛期，宜作为雨期施工的控制期。

16.3.2 雨期施工应充分利用地形与既有排水设施，做好防雨与排水工作。

16.3.3 施工中应采取集中工力、设备，分段流水、快速施工，不得全线展开。

16.3.4 雨中、雨后应及时检查工程主体及现场环境，发现雨患、水毁必须及时采取措施。

16.3.5 雨期路基施工应遵守下列规定：

1 路基土方宜避开主汛期施工。
2 易翻浆与低洼积水等地段宜避开雨期施工。
3 雨后应对施工地段进行调查，发生翻浆应及时处理。
4 路基因雨产生翻浆时，应立即进行处理，且应符合下列要求：
1）逐段处理，不得全线开挖；
2）每段"挖、填、压"应连续成活；
3）翻浆部位土体应全部挖出；
4）小片翻浆相距较近，应挖通统一处理；大片翻浆应制定专项措施，集中处理。
5 填方地段应符合下列要求：
1）低洼地带宜在主汛期前填土至汛期水位500mm以上，且做好路基表面、边坡与排水防冲刷措施。
2）当日填土应当日碾压密实。填土过程中遇雨，应对已摊铺的虚土及时碾压。
6 挖方地段每日停止作业前，应将开挖面基本整平，保持基面排水坡度。

16.3.6 路基施工至设计高程后，应立即完成路床施工，并及时施工基层，防止汛期雨水浸泡路床。

16.3.7 雨后摊铺基层前，应先对路基状况进行检查，确认不翻浆，且符合要求，方可摊铺。

16.3.8 石灰稳定土类、水泥稳定土类基层施工应遵守下列规定：

1 宜避开主汛期施工。
2 拌合厂应对原材料与拌合成品采取防雨淋措施，并按计划向现场供料。

3 施工现场应计划用料，实现随到随摊铺。
　　4 摊铺段不宜过长，并应当日摊铺，当日碾压成活。
　　5 未碾压的料层受雨淋后，应进行测试，按照配合比要求重新拌合。

16.3.9 沥青混合料类面层施工应遵守下列规定：
　　1 降雨或基层有集水或水膜时，不得施工。
　　2 施工中应与气象部门保持联系，及时掌握天气形势变化，据以指导施工。
　　3 施工现场应与沥青混合料生产厂家保持联系，遇天气变化及时协调产品供应计划。
　　4 沥青混合料运输、车辆应有防雨措施。

16.3.10 水泥混凝土面层施工应遵守下列规定：
　　1 搅拌站现场应具有良好的防雨措施与排水条件。
　　2 根据天气变化情况及时测定砂石含水量，及时调整混合料的水灰比。
　　3 雨天运输混凝土时，车辆必须采取防雨措施。
　　4 施工前应准备好防雨棚等防雨设施。
　　5 施工中遇雨时，应立即使用防雨设施保护在施工作面，完成对既铺筑混凝土振实、成活，不得再开新作业段，且采用覆盖等措施保护尚未硬化的混凝土面层。
　　6 雨后重新摊铺时，应先清除基层上的积水，检查、修整砂石垫层。
　　7 雨后应及时检查水泥混凝土面层，被雨水损坏部位，根据情况采取相应措施进行处理。

附录 本规程用词说明

1. 执行条文严格程度的用词。
1）表示很严格,非这样做不可的:
正面词采用"必须";
反面词采用"严禁"。
2）表示严格,在正常情况下均应这样做的:
正面词采用"应";
反面词采用"不得"。
3）表示稍有选择,在条件许可时,首先应这样做的:
正面词采用"宜"或"可";
反面词采用"不宜"。
2. 条文中指明必须按其他有关标准、规范执行的写法为:"应遵守……规定"、"应符合……的规定"或"应符合……要求"。

条文说明

1.0.4 本企业的施工技术规程包括：《市政基础设施工程施工测量技术规程》、《土方与地基施工技术规程》、《混凝土结构施工技术规程》、《砌体结构施工技术规程》4个通用型技术规程和《道路工程施工技术规程》、《桥梁工程施工技术规程》、《管道工程施工技术规程》、《给水排水构筑物工程施工技术规程》、《城市快速轨道交通工程施工技术规程》5个专业施工技术规程。实际使用企业规程时，除应配套使用相应的通用技术规程外，必要时还应对照使用企业的其他专业技术规程。

2 术语

本章所列术语，主要来源于《道路工程术语标准》GBJ 124—88、《建筑工程施工质量验收统一标准》GB 50300—2001等国家标准，参照了行业标准的相关术语。

本规范的术语是从本规范的角度赋予其涵义的，但涵义不一定是术语的定义。同时还分别给出了相应的推荐性英文术语。

3 基本规定

3.0.3 施工组织设计是招投标文件中技术标文件的重要组成部分。其审核程序应遵守企业有关管理规定。

4 施工准备

4.0.1 本条是对道路施工中必须进行交接桩复测和建立施工临时控制测量网点的基本要求。道路工程施工涉及诸多方面，在道路工程施工中，特别是具有历史意义的繁华城镇道路新建、改扩建工程中测量工作的精确性，对保证工程质量，保护既有建（构）筑物、地下设施具有重要意义，应当在施工过程中作好测量工作，贯彻始终。

4.0.9 在工程建设中为保证工程质量，将工程划分为单位工程、分部工程、分项工程三级质量控制单元。由于工程规模大小不同，复杂程度不同，行业特点不同，所以对单位、分部、分项工程的划分具体要求与方式也不同，例如公路与城镇道路的划分方式就不完全一致。但在招投标文件中均对施工单位提出对工程质量的要求。作为承包商的施工单位，响应招标文件要求，应制定保证工程的质量计划。本条的核心在于要根据招投标文件要求，在施工前应与建设单位（监理工程师）就施工中单位、分部、分项工程的具体划分与质量控制达成一致，并形成文件，报有关方面批准，形成质量控制与验收依据，作到心中有数。

5 路基

5.1.1 规定土工试验项目，是填筑路基施工前所必须做的基本技术准备工作。在土源丰富的地区，可以通过试验成果分析，选用最佳取土方案。在土源不足或土源匮乏地区，则应依据试验结果，采取措施，保证工程质量。在道路、公路工程中，通过试验成果，可以为就地取材，充分选用土资源做技术准备。

本条所列的几个试验项目，应根据施工地区地质条件、土层的不同确定进行哪些试验。在公路工程中，土的强度（CBR 值）及关于粒径组成的技术要求，必须进行试验。

5.1.2 道路工程施工中解决好地面排水对保证工程质量，实现现场施工条件改善、保持良好操作环境是十分必要的。在地下水丰富地区，地下水的降排对保护土基不受扰动具有重要作用。

在城市道路工程施工中，道路工程往往与道路施工范围内的管线施工一并进行，故排降水的方案不但要考虑道路工程，还要考虑地下管线工程。

尽量利用地面原有排水系统，当地面排水系统不能完全保留，受到破坏时，建立临时的能有效工作的排水系统，是建立排水系统的基本原则。地下水降排中的降水方式则应根据现场地质与环境条件，按企业规程《土方与地基施工技术规程》的有关规定经技术分析、比较选定。

5.1.6 我国是一个历史悠久的国家，文物古迹大量存在，且在历史变迁中不乏掩埋于地下者，施工中应加强文物保护意识与措施。由于历史原因，有些地区还形成遗埋于地下的弹药等危及人身安全的爆炸物等不明物，施工中应加强对弹药等不明物的自身防范意识。所以施工中一经发现，则应保护好现场，速报建设单位及有关部门，进行妥善处理。

5.4.6 本条是石方、土石方的填料强度、填筑方法的基本规定，是保证压实效果及路基稳定的必须条件。

5.6.1 本条是在道路施工中对处于路基范围内的既有管线等建（构）筑物进行处置的基本技术要求。其中心要点是：在施工过程中保证既有管道等建（构）筑物不受影响，处于安全状态。在既有建（构）筑物不具备承受施工荷载能力条件时，不得进行相关的施工，应在对既有建（构）筑物采取防护、加固后方可施工。

5.7.1 本条是关于特殊土路基施工准备的最基本要求。

黄土、湿黏土、膨胀土、软土、盐渍土、冻土等均为特殊土。在特殊土壤地区施工路基，应根据具体工程环境条件、路基土壤特点因地制宜制定施工方案。关键是对工程地质、水文地质资料、特殊土分布状况的充分掌握；对土壤的室内试验和现场试验的成果掌握；布设好监控系统，对监测数据即时收集与分析验证；作好工程排水；把握施工时机，对特殊土壤采取针对性治理。

从工程实际出发，只要在外荷载加在土基上有可能出现有害的过大变形和强度不够等问题时，都应认真对待，进行必要的处理。在城镇道路中处理软基，应考虑对环境及周围建（构）筑物的影响。

5.7.3 本条是对软土地基施工的基本要求。

软土地基路堤施工实行动态观测，常用的观测仪器有沉降板、边桩和测斜管。在施工期间位移观测应按设计要求跟踪观测，观测频率应与沉降、稳定的变形速率相适应。每填筑一层土至少观测一次；如果两次填筑时间间隔较长，间隔期间每 3 天至少观测一次。路堤填筑完成后，堆载预压期间观测应视地基稳定情况而定，一般半月或每月观测一次。直至沉降、位移稳定，符合设计要求。

施工填筑速率常采用控制边桩位移速率和控制地面沉降速率的方法，其控制标准为：路堤中心线地面沉降速率每昼夜不大于 10mm，坡脚水平位移速率每昼夜不大于 5mm，并结合沉降和位移发展趋势进行综合分析。填筑速率控制应以水平控制为主，如超过此限应立即停止填筑。

软土层厚度小于2.0m的换填施工。采用外运土换填时,应采用透水性好的土,也可采用在土中掺加适量石灰,对土进行处理。石灰用量应经试验确定。

虽然设计中一般规定施工沉降预压期,但由于土壤的不均匀性、试验数据的误差、计算理论的不完善及设计中人为因素的干扰,预压期只是一个粗略的概念,这个概念只能作为一个控制指标,它与实际施工尚有一定差别。实际施工中不能用预压期规定作为预压结束的天数,而要通过沉降观测来确定路堤沉降是否已达到标准。

5.7.4 本条是对湿陷性黄土路基施工的基本规定。湿陷性黄土处理的关键是防止水侵入,应进行积极疏导,同时要采取措施消除因水的冲蚀与溶蚀形成的暗沟、暗洞、暗穴等。

第3款指出施工中应详探道路范围内的陷穴,强调设计遗漏时要补充设计。因为陷穴处理对道路质量关系很大,且不易处理。对于小而直的陷穴,可用干砂灌实整个洞穴;对于洞不大,洞壁起伏曲折较大,并离路基中线较远的小陷穴可用灌浆法处理。

5.7.5 本条是关于盐渍土施工的一般规定要求。盐渍土中,土和盐状况随着季节不断变化,因此在盐渍土地区筑路,应尽可能地考虑盐渍土的土盐状态特点,力求在土含水量接近于最佳含水量时期,既不发生冻结,也不积水的枯水季节进行施工。过盐渍土、强盐渍土不得作路基材料。其分类见下表1、表2。

表1 盐渍土按含盐性质分类

盐渍土名称	离子含量比值	
	Cl^-/SO_4^{2-}	$CO_3^{2-}+HCO_3^-/Cl^-+SO_4^{2-}$
氯盐渍土	>2	—
亚氯盐渍土	1~2	—
亚硫酸盐渍土	0.3~1.0	—
硫酸盐渍土	<0.3	—
碳酸盐渍土	—	>0.3

注:离子含量以1kg土中离子的毫摩尔数计(mmol/kg)。

表2 盐渍土按盐渍化程度分类

盐渍土名称	细粒土土层的平均含盐量 (以质量百分数计)		粗粒土通过10mm筛孔土的平均含盐量 (以质量百分数计)	
	氯盐渍土及 亚氯盐渍土	硫酸盐渍土及 亚硫酸盐渍土	氯盐渍土及 亚氯盐渍土	硫酸盐渍土及 亚硫酸盐渍土
弱盐渍土	0.3~1.0	0.3~0.5	2.0~5.0	0.5~1.5
中盐渍土	1.0~5.0	0.5~2.0	5.0~8.0	1.5~3.0
强盐渍土	5.0~8.0	2.0~5.0	8.0~10.0	3.0~6.0
过盐渍土	>8.0	>5.0	>10.0	>6.0

注:离子含量以100g干土内的含盐量计。

5.7.6 本条是关于膨胀土施工一般规定。

第1、2款强调指出膨胀土路堑施工,一般应采取"先做排水,后开挖边坡,及时防护,及时支挡"的程序原则,以防边坡土体暴露后产生湿胀干缩效应与风化破坏。目前常用在膨胀土路堑坡面防护加固的措施有:植被防护、三合土抹面、混凝土预制块封闭、骨架护坡、片石护坡、挡土墙等,可根据道路等级、边坡高度结合当地具体条件确定。

第4款指出填方施工前要做试验段,是由于压实是膨胀土路基施工的一个难题,也是影响膨胀土地区路基、基层、面层稳定的一个突出问题。实践证明,将膨胀土的含水量降到重型击实标准的最佳含水量十分困难,即使按重型压实标准达到一定的压实度,也不可能保持长久。在施工期间选择适宜的压实机具,进行路基处理,非常关键。

凡同时具备下列两个条件的黏土,即可判断为膨胀土:液限大于或等于40%,自由膨胀率大于或等于40%。

按照土的自由膨胀率(F_s)可以对膨胀土进行划分。

弱膨胀土　　$40\% \leqslant F_s < 65\%$;

中等膨胀土　$65\% \leqslant F_s < 90\%$;

强膨胀土　　$F_s \geqslant 90\%$。

对中、弱膨胀土进行掺加石灰等外加剂进行改性后,可以作道路基层,但是改性用石灰的掺量与掺加方法应该经试验确定。

6 基层

6.1.1 本条指出采用稳定土类做道路基层的适宜温度时期,宜在冬期到来前30~40d完成施工。对于不同的稳定土冬期到来前的停施时间要求不同。石灰稳定与石灰粉煤灰稳定土类宜为30~45d,水泥稳定土类为15~30d。

因为养护温度对石灰土的抗压强度有明显影响,养护温度高,其抗压强度增长快;当温度低于5℃时,石灰土的强度几乎没有增长。石灰土经常处于过分潮湿状态时,也不易形成较高强度的板体,在冰冻地区,当石灰土用于潮湿路段时,冬季石灰土层中可能产生聚冰现象,从而使石灰土的结构遭受破坏,导致路面产生过早破坏。

6.2.2 本条是对石灰土配合比设计的有关规定。其第2款最佳含水量与最大干密度试验与第7款关于选定合适的石灰剂量和试件平均抗压强度R的计算公式(6.2.2)也适应于石灰、粉煤灰稳定砂砾,石灰、粉煤灰、稳定钢渣土类,水泥稳定粒料土类。本规程表6.4.2给出了相关的混合料配合比的初选范围。

6.2.3 目前多数城市都在为降低空气污染而努力,为保护环境减少大气污染,城镇道路稳定土类基层施工应尽量采用厂拌法或采用专用的稳定土拌合机拌制。不得采用路拌方式施工。对于少量需人工拌合的灰土,应遵守本规程第6.2.5条规定,在实施中尚应制定详细措施。

6.3.1 本条第二款中所列粉煤灰的比表面积,是指单位质量的粉煤灰粉末所具有的总面积。比表面积是衡量粉末物质细度的指标,单位为cm^2/g。

6.5.1 土的不均匀系数,表示土的颗粒组成特征的指标之一,用C_u表示。

$$C_u = \frac{d_{60}}{d_{10}}$$

式中　d_{60}——表示小于此种粒径土的质量占总质量的60%,也称控制粒径。

　　　d_{10}——表示小于此种粒径土的质量占总质量的10%,也称有效粒径。

C_u愈大,表示土愈不均匀,$C_u > 5$的土称不均匀土。不均匀土经压实后,细颗粒填充于粗颗粒形成的孔隙中,容易得到较高的压实度。

6.5.5、6.5.6 两条,前条第3款是有关摊铺时限要求;后条第3款是关于完成碾压的时限要求。水泥是水硬性材料,从加水拌合到碾压终了的延迟时间对水泥稳定土类的强度和所能达到的干密度有明显影响。延迟时间愈长，其强度和干密度的损失愈大。施工中既应采用初凝时间长，终凝时间适度的水泥，又应控制拌合、运输、摊铺和压实施工的拖延时间。道路硅酸盐水泥终凝时间在10h以上，而通用水泥终凝时间一般计算不超过6.5h，为保证工程质量应对水泥的初凝与终凝时间进行控制。

6.6.2 本条指出采用天然砾石（砂石）作为基层材料，应先检查是否符合级配的规定且质地要坚硬。

级配砾石属级配型集料。是级配型集料中的一般材料，其力学性质的主要参数是弹性模量、抗剪强度抗永久形变的能力。级配砾石的颗粒组成和塑性指数的变异性较大，其强度的变化也可能较大，因此，在确定使用前，应做承载比实验。

7 沥青混合料面层

7.1.5 第1款，沥青质量基本受制于原油品种，且与炼油工艺关系密切，为防止因沥青质量影响混合料产品质量，沥青均应附有出厂质量检验单，使用单位在购货后应进行试验确认。如有疑问或达不到出厂检验单数据，可请质检部门或质量监督部门仲裁，以明确责任，目的是获得适用于当地气候条件的沥青。

当沥青标号不符号使用要求时，可掺配使用，但掺配后的质量指标不得降低。我国道路所用的沥青基本上不分上下层均采用同一标号，考虑上层对抗车辙能力要求较高，下层对抗弯拉能力要求较高，故可采用上稠下稀的掺配方式。北京地区宜使用90号道路石油沥青，重要道路尚应对沥青改性。

7.2.3 热拌沥青混合料施工温度是施工控制的重要参数，与沥青混合料种类、气候条件等均有关系。沥青与沥青混合料试验操作规程规定了由黏度—温度曲线决定施工温度的方法。

沥青混合料的废弃温度在施工时宜根据实际情况确定，而达到废弃温度的混合料，根据回收利用的原则，进行回收，处理后再利用。

拌制改性沥青混合料、SMA混合料（含沥青玛琋脂、改性沥青玛琋脂）时，施工拌合温度应适当提高，通常按改性剂的不同，在基质沥青混合料的施工温度的基础上，调整集料加热温度，使改性沥青混合料的出场温度相应提高10~20℃，对采用冷态胶乳直接喷入法制作改性沥青混合料时，集料加热温度可适当提高。上述温度提高具体幅度宜经试验确定。

7.2.5、7.2.6 是关于自行设置搅拌站的有关规定。当采用自动计量的间歇式拌合机拌合沥青混合料时，沥青混合料拌合时间按下式计算：

$$拌合时间 = \frac{拌合筒容积（kg）}{拌合筒出率（kg/s）}$$

间歇式拌合机热矿料进行二次筛分用的振动筛筛孔选择可参考表7.2.5。

表7.2.5 间歇式拌合机用振动筛的等效筛孔（方孔筛，mm）

标准筛筛孔	2.36	4.75	9.5	13.2	16	19	26.5	31.5	37.5	53
振动筛筛孔	2.5	6	11	15	19	22	30	35	41	60

7.2.15 热拌沥青混合料的初压、复压、终压三个阶段中，复压最为重要。目前用于复压的压路机有轮胎压路机、振动压路机、钢筒式压路机，一般都能达到要求，但从实际效果

看，用轮胎压路机更容易掌握，效果更好，为此宜优先采用轮胎压路机。

7.2.16 对于沥青玛蹄脂碎石混合料（SMA）及开级配沥青面层（OGFC）不得采用轮胎压路机。采用振动压路机时，其振动频率和振幅应该随压实进行调整，不能保持一成不变。

9 水泥混凝土面层

道路水泥混凝土面层是以水泥混凝土弯拉强度作控制指标，应当充分注意这一点。

9.1.1 本条第一款是关于路用水泥的基本要求。从水泥的稳定性品质出发宜优先选用旋转窑生产的安定性好的水泥。为了施工需要，表9.1.1-1给出了不同交通等级下水泥R_3、R_{28}的弯拉（抗折）强度。现行有关水泥标准中，水泥强度是由抗压强度决定的，并不完全代表水泥的弯拉强度。而水泥混凝土道路面层的第一力学指标是弯拉强度，故路面层混凝土用水泥均应以实测水泥弯拉强度为准来选择使用。

9.1.2 本条明确了对面层混凝土用粗集料的技术指标，面层混凝土强度一般在C35～C50级，因此应用Ⅱ级以上集料。粗集料最大公称粒径的规定有利于得到较高的混凝土弯拉强度，有利于防止混凝土离析和塌边。粗集料的等级规定有利于混凝土路面的使用寿命和提高混凝土的抗冻性、耐磨性和耐疲劳性。粗集料表观密度应＞2500kg/m³，松散堆积密度应＞1350kg/m³。

9.1.3 本条文提倡使用细度模数大于2.5的中、粗砂，同时考虑到在目前的技术条件下，通过使用引气高效减水剂减少用水量降低水灰比，可以做到使用细砂的混凝土能够满足弯拉强度和低水灰比。规定了机制砂的砂浆磨光值大于35，是从行车安全角度出发提出的。砂可分为天然砂与机制砂，除本条中表9.1.3给出的技术指标外，关于压碎值、表观密度、松散堆积密度、碱集料反应等指标应符合现行《公路工程水泥及水泥混凝土试验规程》JTG E30—2005有关规定。

9.1.5 目前国内外加剂生产种类繁多，本条文对使用外加剂作了原则要求，根据这些要求经过掺配试验，取得可靠结果，用于工程，使水泥混凝土面层质量得到保证。

9.1.7 本条钢纤维抗拉强度规定不宜小于600MPa是同时考虑了钢纤维的拔出应力、设计应力、施工便利和疲劳寿命的综合效果，钢纤维长度的规定是考虑到提高混凝土的弯拉强度、抗拉强度、抗裂和增加韧性等作用，同时规定钢纤维长度不宜大于粗集料最大公称粒径的2倍是为减少搅拌不均匀或搅拌困难。

9.2.2 城市快速路和主干路、次干路等采用混凝土面层时，混凝土28d设计强度标准值应符合现行《公路水泥混凝土路面设计规范》JTG D40—2002的规定。混凝土配合比设计应由施工单位和监理单位共同委托具有相应试验资质的单位进行。

在《公路水泥混凝土路面施工技术规范》JTG F30—2003条文说明4.1.1中表述所采用的普通混凝土配合比设计能满足滑模、轨道、三辊轴机组和小型机具四种施工方式的需要。

混凝土配合比中水灰比的确定，主要通过满足耐久性要求的最大水灰比确定，并通过使用引气剂、复合高效减水剂技术，达到将水灰比降至0.35～0.44之间。

9.2.3 钢纤维混凝土配合比设计有塑性、半干硬性及分层洒布等三种，本条的配合比设计仅适用于第一种。

9.2.4 室内配合比确定后，考虑到室外条件的生产状态与室内的差异，应进行配合比的确定与调整。

9.3.1 道路设计中应有板块划分设计。划分板块对混凝土面层浇筑顺序与质量十分重要，特别是城市道路系统中路口多，道路范围内检查井多，划分板块工作的重要性尤为突出。

9.4.5 本条对混凝土拆模的规定，是对路面混凝土施工中的特殊要求。与常规混凝土不同，施工中应引以注意，并执行。

9.5.2 总拌合生产能力按下列公式计算确定，并根据摊铺方式选择搅拌机的能力与台数。

$$M = 60\mu \times b \times h \times V_t$$

式中 M——搅拌站总拌合能力（m³/h）；

b——摊铺宽度（m）；

V_t——摊铺速度（m/min）（≥1m/min）；

h——面板厚度（m）；

μ——搅拌站可靠性系数，1.2~1.5，根据下述具体情况确定：搅拌站可靠性高，μ可取较小值；反之，μ取较大值；拌合钢纤维混凝土时，μ应取较大值；坍落度要求较低者，μ应取较大值。

配料计量精度应满足配比设计规定。搅拌机应按规定进行标定并定期校验，外加剂宜用溶液方式并防止沉淀和絮凝，使用粉剂掺入时，为了保证其均匀性应适当延长搅拌时间。

钢纤维混凝土的投料顺序应先干拌后加水拌合或使用钢纤维分散机，为防止钢纤维搅拌结团，搅拌容量不宜大于额定拌合量80%，同时也保护搅拌机叶片，并防止钢纤维搅断。

9.5.5 本条是指普通的路面混凝土拌合物从出料到铺筑完成的允许最长时间。对于钢纤维混凝土，则应遵守表9.5.5规定。

表9.5.5 钢纤维混凝土拌合物从出料到运输、铺筑完毕允许最长时间

施工气温*（℃）	到运输完毕允许最长时间（h）		到铺筑完毕允许最长时间（h）	
	滑模、轨道	三辊轴机组	滑模、轨道	三辊轴机组
5~9	2.0	1.5	2.5	2.0
10~19	1.5	1.0	2.0	1.5
20~29	1.0	0.75	0.75	1.25
30~35	0.75	0.50	0.50	1.0

注：① 表中*指施工时间的日间平均气温，使用缓凝剂延长凝结时间后，本表数值可增加0.20~0.35h。
② 本表引自《城镇道路工程施工与质量验收规范》CJJ 1—2008 表10.5.5。

9.6.3 轨道摊铺机选型参照表9.6.3-1，轨道摊铺机组施工时，振捣棒组应配备超高频振捣棒，最高频率11000次/min，工作频率6000~10000次/min。

9.6.4 人工小型机具摊铺主要应控制均匀卸料及松铺系数，保证混凝土的均匀性，由于小型机具施工振捣容易漏振和欠振，且表面外观很难发现，因此一般小型机具施工不宜在城市快速路和主干道和高速公路、一级公路工程中应用。

9.6.7 高温条件下对混凝土路面施工的生产工艺和管理要求较高，且容易导致混凝土面板出现质量问题造成损失，因此混凝土路面施工应避开高温时段，选择在早晨、傍晚或夜间施工，并制定好施工方案。

10 铺砌式面层

本章适用于承受车辆交通荷载的料石与预制混凝土砌块的面层施工。广场、停车场、人行步道的铺砌面层施工也可参照使用。目前国内大、中城市石材铺砌路面多系是景观工程，原则上所使用石材料石应是目前国内市场上能够供应的一等品或优等品，考虑到石材铺砌路面目前使用效果，在石材质面层铺装中应选择具有表面平整、粗糙，有一定抗滑性能的材料，以满足交通安全需求。目前对抗滑指标尚无充分实践经验，需要各地注意积累。

13 地下人行通道

地下人行通道是城市道路交通中重要的人行过街设施，对解决人与车的交通干扰有重要作用。地下人行通道的形式与设施的水平多种多样。本规程只对几种最常见的结构施工技术作了基本规定。

14 挡土墙

14.1.1 基槽开挖后应由勘查、设计人员进行验槽，以保证地基承载力，此过程不得忽略。须进行处理的槽基应由勘查、设计人员提出处理方案，待处理完毕后经勘查、设计人员验收合格后方可进行后续施工。

14.5.3 加筋土挡土墙对填土土质有一定要求。本条明确了禁止使用的土类及宜于使用的土类。砂类土、砾类土力学性能稳定，受含水量影响较小，因此加筋土土料选择时宜优先选用。

14.5.6 加筋土挡土墙、填土的种类、每层填土厚度、压实度，对工程质量十分重要，故对层铺厚及压实度提出要求。

14.5.8、14.5.9 这两条是重要的技术管理与技术保障措施，必须执行。

16 冬雨期施工

16.1.2 我国地域广阔，气候条件因地域不同，差别很大，故冬、雨期施工起止时限应根据环境条件自行确定。冬期的界定条件应遵守本规程第16.2.1条规定。雨期应以各地区的汛期为控制期。

16.2.4 本条是保证施工时间临近冬期，用石灰稳定土类与水泥稳定土类材料做道路基层，保证工程质量的重要措施之一。